억 소리 나는 You Tube
소리의 비밀

일러두기

책 사이사이 관련 영상을 감상할 수 있는 큐알코드가 수록되어 있습니다.
큐알코드 리더기로 큐알코드를 찍으면 감상하실 수 있습니다.

상위 1% 크리에이터들의 수익 공식을 파헤치다!

억 소리 나는 You Tube

소리의 비밀

김민철 지음

베프북스
Best Friend Books

빠르게 성장하고 있는 1인 미디어 생태계, 그 속의 일원이 되고 싶다면 꼭 읽어야 할 책. 비싼 촬영 장비와 마이크를 장만하기 이전에 가장 기본이라고 할 수 있는 발성과 보이스 메이킹 전략을 세우는 데 도움이 될 책입니다.

|

오명신(MBC충북 아나운서)

어릴 적, 어머니는 나를 이렇게 교육하셨다. "얼굴 반반하고 말만 번지르르한 남자를 조심하라"고. 어느덧 작가로 성장한 지금. 나는 그런 남자들과 일하고 있다. 보이는 것과 들리는 것은 뿌리칠 수 없는 유혹이다. 그 유혹의 대상이 아닌 주인공이 되고 싶은 자, 지금 이 책에 집중하라.

|

황다희(MBC충북 방송작가)

1인 미디어, 모두가 콘텐츠에만 집중하고 있을 때 저자는 소리에 집중하라고 한다. 이유가 무엇일까?

이제껏 스피치, 보이스를 다룬 책은 많았지만 오늘날 가장 핫한 1인 미디어에서 소리를 어떻게 다룰지에 대해 말하는 책은 없었다. 크리에이터를 준비하는 제자들이 1인 방송에서는 어떤 톤으로 말해야 하고, 어떤 콘셉트로 이야기를 전달할 것인가에 대해 물어와도, 자신 있게 추천해줄 만한 책이 없어 항상 아쉬웠다.

"소리가 콘텐츠의 전부는 아니다. 하지만 소리를 간과한 콘텐츠는 오래갈 수 없다!"는 대목을 읽으면서, 드디어 이 부분을 해결해 줄 1인 미디어 책이 나왔다고 확신했다. 저자가 강조하는 것처럼, 소리의 힘은 당신이 생각하는 것보다 매우 크다. 당신의 1인 미디어 콘텐츠를 성공시키고 싶은가? 그렇다면 누구보다 먼저 이 책을 읽어보길 바란다.

박민주(빛나는MC 대표)

때론 형식이 내용을 지배한다. '어떤 말을 하느냐'도 중요하지만, 같은 내용이라도 '어떻게 전달하느냐'가 중요하다는 이야기일 텐데, 저자는 이 부분이 오디오의 완성도로 판가름 된다고 얘기하고 있다.

1인 미디어가 거스를 수 없는 대세로 자리 잡은 지금, 시청자의 귀를 사로잡을 수 있는 매력적인 방송을 원한다면 시각보다는 청각에 더 주목하라.

소리에 집중할 때 얻을 수 있는 무한한 가능성을 지금 바로 확인해 보자. 이 책을 통해 더 많은 1인 크리에이터가 본인만의 콘텐츠를, 자기가 원하는 방향으로 시청자들에게 정확하게 전달할 수 있기를 바란다.

최두영(SPOTV 아나운서)

어느 때보다 빠르게 발전하는 이 시대의 트렌드를 적나라하게 전해주는 1인 미디어는 누구나 가볍게 시작할 수 있지만, 기본적인 것을 지키지 않으면 무너지기 십상이다. 그 기본의 핵심인 '소리'는 1인 미디어와 이 책의 중심이며, 1인 미디어를 시작하는 당신의 중심을 잡아줄 힘이 될 것이다.

이세진(티몬 PD)

차례

CHAPTER 1

1인 미디어로
돈벌기

보이는 것과 들리는 것.
이 두 가지가 조화를 이룰 때
사람들은 지갑을 연다.

1인 미디어로
180억을 번다고?

1인 미디어로 1년에 180억을 번다고? 믿어지는가. 이 글을 쓰고 있는 나조차도 믿기 힘들다. 하지만 사실이다. 세계 1위 게임 유튜버 '다니엘 미들턴'의 이야기다. 하루에 5,000만 원, 1시간에 200만 원이다. 대한민국 상위권 대기업 초임 수준의 연봉을 하루에 벌고 있다. 아시아 최고의 축구선수로 평가받는 '손흥민'의 연봉이 약 60억으로 알려져 있다. 대한민국 슈퍼스타 연봉의 약 3배 수준이다. 어떻게 1인 미디어만으로 이렇게 큰돈을 벌 수 있을까. 좀 더 자세하게 알아보자.

먼저 해외로 가보자. 미국의 경제전문지 포브스에서 선정한 2017년 세계 1위 유튜버는 게임방송을 진행하는 '다니엘 미들턴'

이다. 1년에 180억 원의 수익을 올렸다. 2위 '에번 퐁'이 170억 원, 3위 '듀드 퍼펙트'은 150억 원을 벌었다. 8위에 자리 잡은 6살 꼬마 아이 '라이안'은 120억 원을 벌었다. 6살 꼬마 아이가 대한민국 최고의 스포츠 스타 '손흥민'보다 많은 돈을 벌고 있다. 국내 최고 대기업 삼성전자의 대졸 초임 연봉이 4,000만 원 수준이다. 그 돈을 저 꼬마 유튜버가 이틀 안에 벌어들이고 있다. 순위가

〈해외 스타 유튜버들의 2017 수입〉

순위	이름	분야	수입
1	다니엘 미들턴(Dan TIDM)	게임	1650만 달러(약 180억 원)
2	에번 퐁(VanossGaming)	게임	1550만 달러(약 169억 원)
3	듀드 퍼펙트(Dude perfect)	스포츠 예능쇼	1400만 달러(약 153억 원)
4	마크 피시바흐(Markiplier)	일상 및 리액션	1250만 달러(약136억 원)
5	로건 폴(Logan Paul)	게임	1250만 달러(약136억 원)
6	펠릭스 셸버그(PewDiePie)	게임	1200만 달러(약 131억 원)
7	제이크 폴(Jake Paul)	코미디, 일상	1150만 달러(약 125억 원)
8	스모쉬(Smosh)	코미디	1100만 달러(약 120억 원)
9	라이언 토이리뷰(Ryan ToyRevew)	장난감 리뷰	1100만 달러(약 120억 원)
10	릴리 싱(Lilly singh)	코미디	1050만 달러(약 114억 원)

자료 : 포브스

포브스가 발표한 유튜브스타 세계 1위 다니엘 미들턴, jtbc뉴스

내려갈수록 수익의 격차가 벌어지긴 하지만 일반 회사원과는 비할 바가 아니다.

　그렇다면 국내의 경우는 어떨까. 한국방송통신판매 진흥원 기준으로 2017년에 가장 많은 수익을 낸 유튜버는 '폼폼토이즈'다. 약 31억 6천만 원의 수익을 올렸다. 키즈 채널로 장난감을 가지고 노는 방송이다. 2위인 '캐리와 장난감 친구들'은 약 19억 원을 벌었다. 1인 미디어의 대명사로 일컬어지는 '대도서관' 역시 약 9억 원가량의 수익을 올렸다(방송 인터뷰에서 실제 이것보다 높다고 밝혔다). 그 외에도 '벤쯔', '허팝', '김이브' 등 다양한 분야의 유튜버들이 높은 수익을 올리고 있다. 웬만한 대기업 임원 부럽지 않은 수익을 올리고 있다. 과거 한 유명 크리에이터가 방송에서 수익에 대해 공개했다. 구독자 수가 100만 명이 넘는 유튜버로 한 달 유튜브 수익이 약 1억 원이라고 한다. 매달 올리는 콘텐츠 개수와 재생시간 등에 따라 차이는 있지만 대략 산술적으로 추측해봐도 연 10억 수준이다. 자유로운 시간 활용, 상사의 눈치 없이 하고 싶은 일을 하면서 큰돈을 벌고 있다. 이 얼마나 부러운 일인가.

　이런 흐름은 대륙이라고 피해갈 수 없다. 중국 역시 '왕홍'이라는 신조어가 만들어질 정도로 1인 미디어의 열풍은 굉장하다. '왕홍'은 인터넷을 뜻하는 중국어 '왕뤄'와 유명인의 '홍런'이 합

〈2017년 국내 인기 유튜버 연간 수입〉

(한국방송통신판매 진흥원 기준)

순위	이름	수입
1	폼폼토이즈	약 31억 6천만 원
2	캐리와 장난감 친구들	약 19억 3만 원
3	도티TV	약 15억 9천만 원
4	허팝	약 12억 3천만 원
5	대도서관TV	약 9억 3천만 원
6	악어	약 7억 6천만 원
7	벤쯔	약 7억 원
8	대정령 TV	약 6억 3천만 원
9	김이브	약 6억 1천만 원

대한민국 유튜브 수입 순위
한국경제TV, 중국 움직이는 '왕홍'

처진 말이다. 우리말로 하면 인터넷 스타, BJ, 유튜브 스타 정도로 표현할 수 있는데 보통 팔로워를 50만 명 이상 거느리고 있으면 '왕홍'이라는 호칭을 붙인다. 중국판 트위터인 웨이보, 웨이신, 위챗 등에서 주로 활동을 하고 있다. 웬만한 연예인 못지않은 수준의 인기를 누린다. 실제로 '왕홍'이 입은 옷이나 화장품은 방송 즉시 완판 행렬을 이어간다. 그들이 올리는 사진 한 장은 엄청난 파급력을 가져온다. 글로벌 뷰티 브랜드 에스티로더 그룹의 '윌

2018 아시아 왕훙 슈퍼 챌린지 세계대회 중

리엄 로더' 회장이 "왕홍 마케팅이 TV 광고보다 영향력이 크다"라고 할 정도로 '왕홍'의 영향력은 엄청나다. 주 소비층인 20~30대 층은 TV보다 모바일을 선호한다. 인기 '왕홍'들의 개인 방송을 보고 제품을 구매한다. 소비의 트렌드가 바뀌고 있다.

이런 트렌드를 잘 파악한 한국 화장품 회사들이 '왕홍'을 통해 많은 재미를 봤다. 달팽이 크림으로 유명한 잇츠스킨은 2014년부터 2015년까지 '왕홍'을 통해 '프레스티지 끄렘 데스까르고' 제품을 홍보했다. 매출 효과가 상당했다. LG생활건강은 '숨' 런칭 당시 왕홍 9명을 초청해 브랜드 론칭 기념 뷰티쇼를 진행했다.

중국 현지에서 진행된 왕홍 방송 현장

 중국 움지이는 왕홍

더페이스샵은 베이징에서 왕홍 초청 행사를 가졌다. 아모레퍼시픽 역시 과거 '왕홍 한방 투어 뷰티 투어' 행사를 SNS 채널과 중국 생방송 앱으로 실시간 중계를 하며 왕홍 마케팅을 적극적으로 활용했다. 이처럼 한국 기업들 역시 왕홍 마케팅으로 많은 효과를 보고 있다. 우수한 왕홍 하나가 복잡한 채널 여러 개보다 훨씬 높은 마케팅 효과를 주기 때문이다.

1인 미디어는 더 이상 특정 집단의 관심거리가 아니다. 이미 수많은 사람이 열광하고 우리 생활에 스며들고 있다. 앞으로 전 세계가 1인 미디어로 소통하는 시대가 올 것이다. 미디어를 통해 온라인과 오프라인의 벽을 허물어 갈 것이다. 자신을 표현하는 수단으로, 콘텐츠를 공유하는 방법으로 자리 잡을 것이다.

"1인 미디어가
돈이 되는 시대가 왔다!"

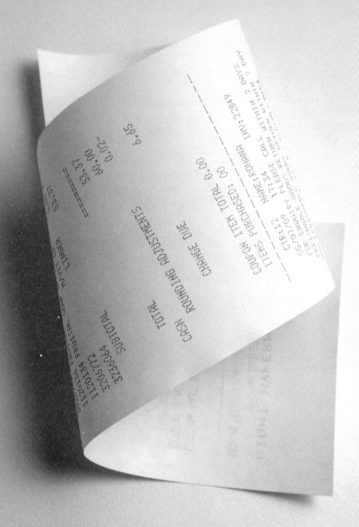

중국 왕훙들은 한 시간에 얼마를 벌까?

워낙 천차만별이라 정확히 얼마라고 단정 짓긴 어렵지만 일단 상상 이상이다. 필자가 지난 8월 2018 아시아 왕훙 슈퍼 챌린지 세계대회 참가를 위해 중국을 방문했었다. 당시 중국 왕훙 한 명이 초청받아 우리와 함께 방송을 진행했었다. 가녀린 외모의 그녀는 마치 쇼호스트를 연상케 할 정도로 카메라 앞에서 열심히 물건에 대해 설명했다.

몸값이 궁금해서 관계자에게 슬쩍 물었다. 흔히 말하는 A급 왕훙이 아니었음에도 시간당 300만 원 수준의 돈을 번다고 한다. 조금 더 유명한 왕훙의 경우 시간당 1,000만 원 정도를 번다고 하니 그 위상이 어마어마하다. 그 외에도 함께 대회에 참가했던 외국 인플루언서들도 대회가 진행되는 내내 카메라를 손에서 놓치 않고 계속해서 방송을 이어 나갔다.

이미 중국 시장에서는 왕훙이 연예인을 넘는 인기와 부를 누리고 있을 정도로 그 영향력이 막강하다. 단순히 홍보가 아닌 직접적인 판매까지 연결을 시키다 보니 기업들의 관심이 끊이지 않고 있다.

1인 미디어 시장,
소리에 집중할 때다

필자는 30대 남자다. 대학에선 디자인을 전공했고 일본 외국계 대기업, 국내 대기업 화장품 회사를 거쳐 현재는 MC, 쇼호스트, 라디오 DJ 등으로 활동하며 미디어 업계에 몸담고 있다. 동시에 1인 미디어 시청자의 한 사람으로 이 시장을 관심 있게 지켜보고 있다. '이런 것도 방송을 해?'라고 할 정도로 다양하고 재밌는 콘텐츠들이 하루에도 수십, 수백 개씩 등장한다. 하지만 동시에 간혹 아쉬운 점도 보인다.

TV홈쇼핑 채널을 본 적이 있는가. 아마 한 번쯤은 봤을 것이다. 방송을 진행하는 쇼호스트들을 보면 재미있게 제품을 잘 판매한다. 듣다 보면 자연스럽게 빠져들 때가 많다. 가끔은 나도 모

쇼호스트 방송 화면
보이는 것과 들리는 것, 이 두 가지가 조화를 이뤘을 때 시청자들은 지갑을 연다.

르는 사이 충동구매를 할 때도 더러 있다. 왜 그럴까. 제품이 우수
한 것도 있겠지만 쇼호스트의 화려한 시연과 화술에 빠져드는 경
우가 많다. 보이는 것과 들리는 것, 이 두 가지가 조화를 이뤘을
때 시청자들은 지갑을 연다. 쇼호스트가 되기 위해서는 전문적인
트레이닝을 받는다. 방송인에 적합한 외모와 스타일을 만들기 위
해 노력한다. 그와 동시에 효과적으로 전달하기 위한 소리를 만
든다. 편안하고 신뢰감 있는 목소리, 정확한 발음과 발성을 만들
기 위해 끊임없이 공부한다. 물건을 잘 파는 쇼호스트는 잘생긴
쇼호스트가 아니다. 잘 말하는 쇼호스트다. 잘 전달하는 쇼호스트
다. 잘 들려주는 쇼호스트다. 비단 쇼호스트 뿐이 아니다. 아나운

서, 라디오 DJ, 스포츠캐스터, 기자 등 모든 직군의 미디어 관련 종사자들의 경우 동일하다. 매력적인 소리와 정확한 전달력은 콘텐츠의 질을 높인다.

난 이 책에서 소리의 중요성에 대해 이야기하려 한다. 모든 사람이 이 책의 독자일 필요는 없다. 하지만 만약 소리가 중요한 콘텐츠를 판매하는 크리에이터라면 꼭 보길 바란다. 당신이 놓치고 있는 것을 찾아줄 것이다.

얼마 전 유튜브에서 제품 후기 영상을 시청했다. 영상 속 크리에이터는 제품의 특장점, 디자인, 사용법을 상세하게 설명해주고 있었다. 영상만 보더라도 마치 내가 사용해 본 것처럼 자세하게 제품에 대해 알 수 있었다. 구매를 고민하는 사람이라면 큰 도움이 될 좋은 콘텐츠 영상이었다. 하지만 전달력이 아쉬웠다. 만약 이 크리에이터가 조금 더 명확하고 확실하게 전달했다면, 조금 더 완급조절이 된 목소리였다면 보는 이는 더 빠져들었을 것이다. 다른 영상들도 마찬가지였다. 조명, 비주얼, 제품준비, 콘텐츠 구성에 비해 방송에 적합한 목소리 트레이닝을 받은 크리에이터는 많지 않았다. 특히 얼굴이 나오지 않고 목소리를 통해 방송을 하는 경우, 소리를 통해 내용을 전달해야 하는 방송의 경우 더더욱 중요하다.

목소리는 타고 나는 것이다. 그 사람의 기본적인 보이스 색깔을 완전히 바꿀 순 없다. 하지만 트레이닝을 통해 전략적으로 다듬는 것은 가능하다. 1인 미디어로 시청자들 앞에 선다면 그에 맞는 최적의 소리를 디자인해라. 소리가 콘텐츠의 질을 바꾼다. 목소리가 판매에 직접적인 영향을 줄 수 있는 콘텐츠를 준비하는 사람이라면 꼭 이 책을 보길 권한다.

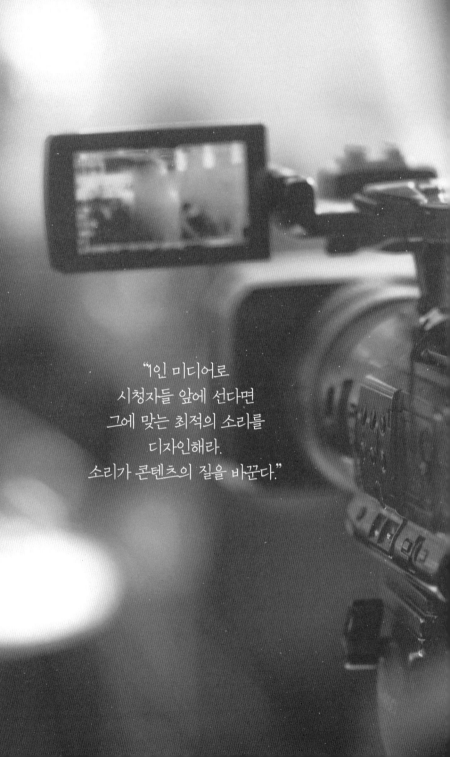

"1인 미디어로
시청자들 앞에 선다면
그에 맞는 최적의 소리를
디자인해라.
소리가 콘텐츠의 질을 바꾼다."

하울? 언박싱? 그게 뭔데?

　요즘 핫하게 떠오르는 신조어 '하울'. 뷰티, 쇼핑에 관련된 유튜브를 즐겨 보는 여성분들이라면 익숙한 단어일 것이다. 특정 제품들을 대량으로 구매해서 진행자 나름의 방식으로 평가하고 리뷰하는 콘텐츠다. 기존의 언박싱은 한 가지 새 제품을 뜯어서 보여주는 것이 전부였다면 하울은 특정 카테고리나 브랜드를 대량으로 구매해서 개봉 과정부터 후기까지 들려주는 방식이다. 쇼핑 하울, 명품 하울, 뷰티 하울 등 콘텐츠 형태는 다양하다.

　물건을 살 때 블로그, 페이스북, 인스타그램 등의 후기를 중시하는 신세대들에게 많은 관심을 끌고 있는 콘텐츠다. 또한 평소 구매하기 힘든 고가의 제품들을 하울하는 경우도 많아 일종의 대리만족 효과도 작용한다. 실제 하울 영상의 경우 썸네일에 금액이 적혀있는 영상이 많으며 시청자들의 이목을 끌기에 상당히 매력적인 콘텐츠다. LAMUQE, 한별, 청담언니 치유 등 주로 여성 유튜버들이 많이 하고 있지만 그 범위는 점점 더 넓어지고 있다.

 유튜버 한별
패션, 명품 하울 등 20~30대 여성을 타깃으로 한 라이프 스타일 콘텐츠를 제작한다.

유튜버 헤이즐
전직 모델로 메이크업, 하울, 여행, 일상 콘텐츠를 제작한다.

 유튜버 다예
데일리 메이크업, 화장품 리뷰, 패션/화장품 하울, 일상 콘텐츠를 제작한다.
호텔경영학과 학생으로 가끔 요리 콘텐츠도 제작한다.

너의 개성이
무기가 된다

요즘 1인 미디어 콘텐츠를 보면 정말 다양하다. 게임, 토크, 일상, 노래, 후기, 먹방 등 장르를 가리지 않는다. '먹방'은 '먹는 방송'의 줄임말로, 아프리카TV에서 먹는 방송이 인기를 끌면서 2000년대 후반부터 신세대들을 중심으로 널리 쓰이고 있다. 현재는 영어로 'Mukbang'으로 표기하는 등 고유명사화되었다. 실제 '먹방' 방송을 보면 BJ들이 음식을 놓고 직접 먹는 모습을 보여준다. 약간의 대화를 나누긴 하지만 특별한 내용 없이 순수하게 먹기만 한다. 이렇게 먹기만 하는 방송을 보는 사람이 있을까?

먹방 유튜버로 유명한 '벤쯔'는 구독자 수가 270만 명이 넘는다. 또 다른 유명 먹방 유튜버인 '엠브로' 역시 약 80만 명의 구독

'소리를 보이게 하라!
ASMR전문 유튜브채널 '미니유'

자를 확보하고 있다. 단지 먹는 모습만을 보여주는데 이렇게 수
많은 사람이 그의 방송을 관심 갖고 지켜본다.

최근 1인 방송을 떠들썩하게 만든 핫한 키워드가 있다. 바로
'ASMR'. 이 단어가 생소한 독자들을 위해 간단히 설명하자면 소
리를 콘텐츠로 내세운 보이는 방송이다. 최근 ASMR 방송을 하는
유튜버들이 늘고 있다. 미세한 소리까지 잡아낼 수 있도록 고음
향 장비를 활용해서 방송을 진행한다. 인간의 귀를 즐겁고 편안
하게 하는 소리를 찾아 들려준다. 물 소리, 바람 소리, 연필 긁는
소리부터 음식 먹는 소리까지 일명 '귀르가즘'을 유발한다. 쾌락
을 유발하는 소리로 시청자들을 즐겁게 한다. 90만 명 이상의 구
독자를 보유하고 있는 유튜버 '꿀꿀선아'는 방송에서 매우 작은
소리로 대화를 한다. 속삭이는 목소리로 방송을 진행하면서 시청

자들과 소통한다. ASMR 채널로 유명한 미니유 역시 소리를 효과
적으로 활용한 유튜버다. 단순히 소리로 끝나는 것이 아니라 스
토리를 구성해 듣는 재미를 배가시켰다. 일반 공중파 방송이라면
상상도 할 수 없는 콘텐츠다.

'봇노잼'이라는 유튜브 채널에 들어가면 한 잘생긴 젊은 친구
가 방송을 켜놓고 공부를 하고 있다. 분명 방송 중인데 본인의 공
부를 한다. 카메라 한번 쳐다보지 않고 공부를 한다. 말도 하지 않
는다. 마치 방송이 아닌 몰래카메라 같은 느낌이다. 카메라를 전
혀 신경 쓰지 않고 본인의 공부만 한다. 그런데 이 방송을 수백
명이 지켜본다. 30만 명이 넘는 사람이 구독하고 있다. 끊임없이
채팅창에 글이 올라온다. 잠깐 미소라도 보이면 채팅창은 난리가
난다. 대체 왜 보고 있는 것일까.

SBS 〈모닝와이드〉_봇노잼
공부의 긴장감을 유지하기 위해 방송을 시작했다는 그는 '얼굴이 대유잼'이
란 평가를 받으며 인기 유튜버로 급상승 중이다.

이는 오디오를 중심으로 다루는 팟캐스트에서도 다르지 않다.
'사이코패틱 내셔널리티'라는 팟캐스트는 젊고 예쁜 여성 진행자
가 진행을 한다. 심리학을 공부했던 그녀는 스스로 싸이코패스적
기질을 가졌음을 알게 되었다. 이를 숨기기보다는 당당히 오픈하
고 방송을 통해 다양한 게스트들과 여러 가지 상황에 대해 서로

'사이코패틱 내셔널리티' 공개방송 현장(사진)
사이코패틱 내셔널리티 팟캐스트(참고영상)

다른 생각을 나눈다. 자신이 가진 이야기를 무기화시킨 좋은 예다.

어른들은 늘 둥근 돌이 되라고 한다. 사회에 적응하고 어울리기 위해서는 둥글고 모나지 않아야 한다고 말한다. 하지만 시대가 바뀌었다. 이제는 모난 돌이 인정받고 성공하는 시대가 왔다. 미디어의 생태계도 마찬가지다. 정해진 틀에 맞춰 방송하던 시대는 지났다. 다양한 미디어 플랫폼이 존재한다. 누구든 원하면 언제든지 방송을 할 수 있다. 당신이 하는 모든 것이 콘텐츠고, 생각하는 모든 것이 콘텐츠다. 시대가 변하고 있다. 당신이 가진 개성이 이제는 무기가 되는 시대다. 무기를 숨기지 말고 꺼내라.

"이제는 모난 돌이 인정받고
성공하는 시대가 왔다.
무기를 숨기지 말고 거내라"

유튜브 채널 만들기

1. 구글 아이디 만들기

유튜브 채널을 개설하기 위해서는 구글 아이디가 필요하다. 기존에 구글 계정을 사용했다면 기존 아이디로 채널을 개설해도 되고, 새로운 아이디로 채널을 개설해도 된다. 이때 입력한 이름이 채널명이 되는데, 이름은 만든 후 90일간 3회까지 바꿀 수 있으므로 추후 채널명 변경을 걱정하지 않아도 된다.

2. 유튜브 채널 만들기

유튜브 화면 오른쪽 상단에 프로필 사진을 누르면 [크리에이터 스튜디오]라는 항목이 나온다. 이곳에서 채널을 관리할 수 있는데, 처음에는 '채널 만들기'를 클릭해 채널을 만들면 된다.

이후 [크리에이터 스튜디오]−[대시보드]−[채널보기]를 통해 채널 페이지로 진입할 수 있다.

최고의 가성비, 돈이 없다면
1인 미디어를 시작해라

이렇게 많은 돈을 벌고 즐길 수 있는 1인 미디어를 안 하는 이유는 무엇일까. 누구나 한 번쯤은 크리에이터를 꿈꿔봤고 유튜버를 고민했을 것이다. 그런데 그때마다 제일 먼저 드는 생각은 '내가 할 수 있을까', '나는 가진 게 없는데'라는 고민이다. 그리고 이내 포기한다. 결론부터 말하자면 당신도 할 수 있다. 아니, 누구나 할 수 있다.

1인 미디어의 가장 큰 강점은 제약이 없다. 1인 미디어 방송을 하는데 좋은 학벌이 필요할까. 많은 돈이 필요할까. 많은 시간이 필요할까. 고정된 공간이 필요할까. 유명해야 할까. 물론 앞서 언급한 요소들이 방송에는 조금 더 유리할 수 있지만 절대 필요조

건이 될 수는 없다. 유명 크리에이터 중에서 학벌로 인기를 얻은 사람에 대한 기억은 별로 없다. 그들 자신이 학력을 내세우지 않을 뿐더러 막대한 자본을 들여 방송을 하지도 않는다. 대부분의 인기 유튜버들은 일반인이다. 그들은 자신만의 콘텐츠로 세상과 소통하는 방법을 깨우친 크리에이터들이다.

 내 취미, 관심사가 내 가치를 높여준다

　1인 미디어의 가장 큰 매력 중 하나는 돈이 들지 않는다는 것이다. 우리가 항상 들고 사용하는 스마트폰 하나면 어떤 플랫폼에든 자신의 콘텐츠를 찍어서 유통시킬 수 있다.

　예를 들어, 당신이 사업을 한다고 가정해보자. 집 앞에 조그만 카페를 하나 준비하기 위해서도 많은 돈이 들어간다. 카페를 운영하기 위해 부동산에서 공간을 찾아야 한다. 사람이 조금 붐비고 유동인구가 많은 지역은 공간 비용이 매우 비싸다. 월세, 권리금 등 시작부터 투자해야 할 비용이 많다. 공간을 마련했다면 커피를 팔기 위해 준비할 것이 많다. 우선 내부 인테리어가 필요하다. 테이블부터 의자, 조명, 포스기, 소품 등 구매할 것 천지다. 커피를 판매하기 위해 재료도 있어야 한다. 카페를 오픈했다면 손님을 끌어모아야 한다. 우연히 알고 들어올 수도 있지만 새로 생긴 카페에서 홍보는 필수다. 온라인과 오프라인으로 다양하게 홍보를 한다. 역시 비용 없이는 불가능하다. 그렇게 해서 잘 된다면 다행이지만 혹여나 실패한다면 손해 역시 매우 크다.

1인 미디어는 이런 모든 것을 부정한다. 우선 시작하는 데 돈이 들지 않는다. 콘텐츠의 질을 높이고 싶다면 몇 가지 방송 장비를 구입할 순 있지만 스마트폰만으로도 충분히 가능하다. 시간이나 공간의 제약도 없다. 회사에 다니고 있는 사람이라면 저녁이나 주말 시간을 이용해서 방송을 할 수 있다. 생방송이 아닌 업로드 형태의 방송은 원하는 시간에 언제든지 방송을 할 수 있다. 공간의 제약도 크지 않다. 실제 유튜버들의 대부분은 본인의 집이나 방을 그대로 스튜디오로 사용한다. 지금 쓰고 있는 내 방이 방송 공간이 된다.

혹여나 방송이 실패했을 경우의 리스크도 매우 적다. 큰 빚을 지거나 큰 손해를 입는 경우는 매우 드물다. 돈이 없다면 시작해야 한다. 1인 미디어는 최고의 가성비를 가지고 있다.

마음의 준비가 되었다면 콘텐츠를 찾아라. 걱정하지 마라. 당신 스스로를 무시하지 마라. '나는 개성이 없다'는 생각을 버려라. 당신이 무엇을 잘하는지, 무엇을 좋아하는지 생각해라. 앞에서 말했듯이 콘텐츠의 한계는 없다. 생각하지 못한 것이 가능한 공간이 바로 1인 미디어다. 그동안 사회에서, 조직에서 하지 말라고 했던 것이 많을 것이다. 부모님이 하지 말라고 했던 것, 주변에서 하지 말라고 했던 것. 이제는 모두 부정해라. 믿지 마라. 당신이 신나고 즐거웠던 것을 찾아라. 그것이 무엇이든 상관없다. 그 중에서 딱 한 가지만 꺼내서 방송을 해라. 그리고 꾸준히 해라. 콘텐츠가 생명력을 얻으려면 지속적으로 꾸준하게 해야 한다. 꾸준하게 할 수 있는 끈기와 노력만 있다면 반드시 성공한다. 1인 미디어로 성공하기 위해 꼭 필요한 것은 시작하는 용기다.

"돈이 없다면 시작해야 한다.
1인 미디어는 최고의 가성비를 가지고 있다."

촬영기기와 편집 툴은?

필자도 현재 유튜브를 운영하고 있다. 업로드 하는 대부분 영상은 스마트폰만 가지고 촬영을 진행한다. 따로 촬영 장비를 구매할까도 고민했었지만 스마트폰만 사용해도 충분히 좋은 화질의 영상을 촬영할 수 있다. 특히 최근에 출시된 스마트폰들의 경우 카메라 화질이 매우 우수하다. 웬만한 고가의 카메라를 능가할 만큼 좋은 성능을 가지고 있다. 다양한 각도의 촬영을 원한다면 스마트폰 2대를 활용하는 것도 방법이다.

편집툴은 크리에이터마다 사용하는 프로그램이 다르지만 필자는 어도비 프리미어 프로를 사용 중에 있다. 영상 편집을 하는 사람이라면 많이들 사용하는 프로그램이며 툴 다루는 게 특별하게 어렵지 않다. 영상을 전혀 다룰 줄 몰랐던 나조차도 단 하루 만에 기본적인 영상 자르기, 붙이기, 자막, 음악 편집 정도는 무리 없이 배웠다.

개인적으로 '비됴클래스'라는 유튜버의 영상을 보면서 배웠는데 굉장히 상세하게 잘 알려줘 도움이 많이 되었다.

"작가가 들려주는 책이야기"
[편채원 작가]

[Speaking Artis
MC/ANNOUNCER/SHOWHOST/I
"민철T

채원 누구는 10대에 겪기도 하고, 마흔이 넘어서 겪기도 하고

"모르면 피보는 절세 꿀팁"
[용어정리 - 부동산편]

[Speaking Artist
MC/ANNOUNCER/SHOWHOST/D
"민철TV

장소협찬_책과강연

01. 부동산
02. 지방세
03. 종합부동산세
04. 양도소득세
05. 비과세
06. 양도차익
07. 부가가치세
08. 법정상속분
09. 물납
10. 증여세

민철 다른 사람의 빚을 갚을 때도 양도소득세를 내야되는 건가요?

필자가 운영 중인 민철TV 방송 캡쳐/스마트폰만으로 촬영한 영상장면

스마트폰으로 동영상 촬영&편집할 때 사용하면 좋은 애플리케이션

1. vimo

카메라, 앨범, 나의 작품, 상점 탭이 있는데, 카메라 탭을 이용해 영상을 촬영할 수 있고 앨범 탭에서 영상을 편집하고 꾸밀 수 있다. 동영상 촬영 후 움직이는 스티커를 붙여 동영상을 꾸밀 수 있는 것이 특징이다.

2. 키네마스터

안드로이드 영상 편집 애플리케이션으로, 영상을 자르거나 붙이고, 장면 전환이나 배경음악 효과 등 영상 편집이 가능하다.

3. 비디오 다이어트

동영상을 자르고, 배속 조절, 배경음악을 삽입하는 등 편집이 가능하며, 해상도나 용량을 줄이는 기능이 있는 것이 특징이다.

YG, SM, JYP? 부럽지 않다
1인 미디어 기획사 MCN

YG, SM, JYP. 대한민국 3대 연예 기획사다. 연예인을 지망하는 사람이라면 누구나 한 번쯤은 꿈꿔봤을 회사다. 하지만 1인 미디어를 꿈꾸는 사람이라면 조금 다르다.

'MCN'이라는 단어를 들어본 적이 있는가. 풀어서 말하면 다중 채널 네트워크(Multi Channel Network)라는 말이다. 유튜브 자사 홈페이지의 설명을 빌리자면 여러 개의 채널과 제휴한 조직으로서 제품, 기획, 결제, 판매, 수익창출, 고객 확보 등 다양한 형태로 콘텐츠 제작자를 지원하는 것을 의미한다. 쉽게 말해 1인 미디어 창작자를 매니지먼트하는 일종의 기획사라고 보면 된다.

그동안 1인 미디어의 콘텐츠에 대한 부정적인 인식이 있었다.

메이저 방송사 콘텐츠와 비교해서 저평가 받았던 것도 사실이다. 자극적이고 선정적인 방송이 많다 보니 방송을 진행하는 크리에이터들에 대한 시선도 좋지는 않았다. 하지만 이제는 상황이 바뀌었다. 미국 연예 매체 버라이어티는 13~18세 청소년 1,500명을 대상으로 가장 영향력 있는 인물을 조사한 결과 1위에서 5위까지 모두 유튜브 스타가 차지했다. 대한민국의 경우도 다르지 않다. 초등학생들에게 인기 있는 셀럽은 연예인이 아닌 BJ들이다. 1인 미디어의 영향력과 파급력은 상상 이상이다.

이런 변화를 느낀 것은 시청자들만이 아니다. 기업들도 1인 미디어 시장을 잡기 위해 뛰어들고 있다. 1인 미디어 크리에이터를 지원하는 수많은 MCN들이 생겨났다. 연예인이 아닌 개인방송 크리에이터들을 지원하고 있다. 대기업에서도 발 빠르게 움직이고 있다. 대표적인 기업이 CJ E&M이다. CJ E&M은 다이아TV라는 MCN 브랜드를 출범하여 전문적으로 유튜버들을 지원하고 있다. '대도서관', '영국남자', '봇노잼', '밴쯔'. '보겸' 등 수많은 유명 크리에이터들과 파트너십을 맺고 있다. 크리에이터들의 방송 제작부터 광고 수주까지 다양한 형태의 지원을 하고 있다. 이는 콘텐츠 창작자가 제작에만 집중할 수 있는 여건을 만들어 더욱 질 높은 콘텐츠를 생산하게 만든다. 현재는 유튜브에 집중되어 있지만 콘텐츠를 통해 수익을 만드는 플랫폼이라면 어떤 형태든 MCN과 연결될 수 있다.

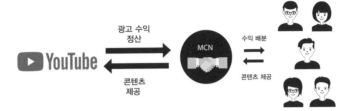

수익을 창출하는 방식은 여러 가지가 있다. 먼저 첫 번째는 크리에이터가 콘텐츠를 창작하고 수익을 발생시키면 수수료를 일정 부분 가져가는 형태다. 수수료 비율이 높지는 않지만 지속적으로 다양한 크리에이터들을 지원하면서 그 범위를 넓혀가고 있다. 또 다른 수익 모델은 크리에이터와 함께 콘텐츠를 기획, 제작하고 광고료를 가져가는 방식이다. 전자보다는 후자의 방식이 수익 면에서는 더 좋다. 실제 많은 MCN 회사들이 이런 형태의 수익모델로 돈을 벌고 있다. 형태야 어떻든 1인 미디어가 돈이 되고 실제로 그것으로 수익을 내고 있다. 앞으로는 더욱 다양한 형태의 비즈니스 모델과 수익 형태를 창출할 것이다.

현직 MCN 관계자 말에 따르면 "유튜브 시장은 하루가 다르게 계속해서 성장하고 있다. 기존에 미디어의 벽을 허물고 새로운 시장을 만들어 가고 있다. 앞으로 더욱 크게 성장할 것으로 기대한다."고 말했다.

재밌는 사람은 관찰력이 뛰어나다고 생각해요.
일상을 소재로 영상을 만들고 싶은 분은
주위에 눈과 귀를 기울여보세요.
세심하게 탐구하다보면 평범한 이야기로도
재밌는 영상을 만들 수 있을 겁니다.

– 유튜버 오마르

'갓튜브'를 아시나요?

　최근 초등학생을 대상으로 한 조사에서 미래에 가지고 싶은 직업 1위에 크리에이터라는 결과가 나왔다. 다양한 광고와 방송에서 유명한 유튜버의 얼굴을 접하는 것이 이제 익숙한 일이 되어 버렸다. 1인 크리에이터의 경우, 일반 연예인보다 출연료나 광고료가 저렴하지만 그 파급력은 웬만한 연예인을 넘어서고 있다. 이런 파워 유튜버들의 영향력 덕분에 '갓튜브(GOD+Tube)' '갓튜버(GOD+Tuber)'라는 신조어가 생겨나고 있는 지경이다.

　그도 그럴 것이 유튜브가 있는 곳에 돈이 있다는 말이 있을 정도로 갓튜버들은 자신의 관심 분야와 관련 사업에서도 새로운 형태의 이익 활동을 펼쳐나가고 있다. 자체적으로 제품을 제작하고 판매하는가 하면, 이제는 갓튜버들을 조직적으로 관리하고 광고주와 연결해주는 소속사와 플랫폼까지 대거 등장하고 있다.

　하지만 한 편으로는 높아진 영향력에 맞게 콘텐츠의 질이나 윤리적인 측면에서의 성장이 필요하다는 우려도 쏟아지고 있다. 구독자 수나 유입을 높이기 위해 욕설이나 비방, 자극적인 내용들을 담은 콘텐츠들도 쏟아지고 있기 때문이다.

　1인 미디어에 관심을 갖고 있다면, 자신의 콘텐츠를 구상하기에 앞서 공공성과 윤리, 그리고 콘텐츠의 질에 대해 다시금 생각해볼 필요가 있다.

CHAPTER 2

소리에
집중하라

소리의 힘은 당신이 생각하는 것보다 훨씬 크다.
콘텐츠의 질을 높이는 한 가지 방법이
소리의 질을 높이는 것이다.

시청자를 머물게 하는 목소리

　오늘도 집에 가는 길에 스마트폰을 꺼낸다. 새로 온 메시지를 확인하고 이어폰을 낀다. 평소처럼 유튜브를 연다. 하루에도 수십, 수백 개의 새로운 콘텐츠들이 쏟아지고 있다. 기존에 있던 영상부터 생전 처음 보는 형태의 영상까지 다양한 콘텐츠들이 수시로 쏟아져 나온다.

　사람들은 이런 수많은 영상들 중에 한 가지를 고른다. 어렵지 않은 고민 끝에 한 가지 콘텐츠를 클릭한다. 화려한 애니메이션 효과와 함께 영상이 시작한다. 진행자가 첫마디를 하는 순간 귀를 의심한다. 화려한 효과와 콘텐츠 구성력과 어울리지 않는 목소리는 보는 내내 시청자의 귀를 거슬리게 한다. 길지 않은 영상을 끝까지 보지 못하고 이내 다른 콘텐츠를 찾는다.

선택의 기준은 무엇일까. 정확하게 "이것이다"라고 말하긴 어렵다. 하지만 영향을 미치는 여러 가지가 있다. 눈에 띄는 제목, 선정적인 글귀, 재밌어 보이는 썸네일 사진 등 많은 요소들이 작용한다. 이런 요소들은 콘텐츠를 선택하게 만드는 중요 포인트다. 그렇다면 선택한 콘텐츠를 계속 보게 만드는 요소는 무엇일까.

여러 가지가 있겠지만 당신이 생각하는 것보다 큰 요소가 바로 소리다. 소리의 효과는 상상 이상으로 크다. 특히 주로 혼자서 진행하고 끌어가는 1인 미디어의 콘텐츠 방식에서는 진행자의 목소리가 매우 중요하다. 시청자를 얼마나 오랫동안 붙잡고 있을지는 소리에 의해서 결정된다.

많은 콘텐츠 창작자들이 소리의 중요성을 간과한다. 화려한 효과와 애니메이션에 신경을 쓰는 반면 소리에는 큰 관심을 두지 않는다. 물론 모두가 아나운서처럼 말해야 하는 것은 아니다. 하지만 콘텐츠를 기획하고 방송을 진행할 때 소리에 대한 고민을 해야 한다. 내 콘텐츠에 더 어울리고 적합한 소리를 찾기 위해 노력해야 한다. 나만의 개성을 보여주면서도 확실하고 정확하게 전달할 수 있는 힘이 필요하다.

구독자 180만 명을 보유한 1인 미디어의 대명사 '대도서관'의 경우를 보자. '대도서관'의 방송을 보면 지루하다는 느낌이 없다.

게임 방송이라는 콘텐츠 특성도 있지만 지루함을 만들지 않는 그의 소리도 한몫을 한다. 편안하고 듣기 좋은 소리로 오랫동안 방송을 시청해도 부담이 없다. 간혹 성대모사나 콩트를 통해 목소리 변화를 준다. 특히 물에 빠진 상황을 묘사하는 소리는 유명하다. 이는 보는 이들에게 소소한 재미를 전달하면서 지루하지 않게 만든다.

또한 말하는 중간에 속도 조절을 통해 긴장감을 만들어낸다. 명쾌한 소리와 확실한 전달력, 거기에 자극적인 표현이 적어 남녀노소 누가 들어도 크게 거부감이 없다. 실제로 3시간이 넘는 롱 타임 콘텐츠가 많음에도 전혀 질리지 않는 것은 그의 탁월한 소리 전달력 때문이다. 1인 미디어계의 유재석이라는 수식어가 어울릴 만큼 훌륭한 소리를 들려주고 있다.

먹방으로 유명한 유튜버 '벤쯔'의 방송을 보면 그의 먹는 양만큼 눈에 띄는 것이 그의 목소리다. 중저음 보이스의 무게감 있는 목소리는 눈과 귀를 동시에 즐겁게 만든다. 울림 있는 발성과 적절한 속도, 동굴 보이스는 듣는 이에게 편안함을 준다. "님들"이라는 표현을 사용하면서 시청자들을 존중하는 느낌을 전달한다. 단순히 목소리가 좋은 것뿐만 아니라 콘텐츠에 어울리는 적절한 표현과 소리로 매력을 발산한다.

학교 과제로 PPT 제작할 일이 많은 대학생이라면 '이지쌤'의

PPT디자인 전문 채널 '이지쌤'

유튜브 채널을 한 번쯤은 봤을 것이다. 세련된 PPT 제작을 위한 디자인 노하우부터 고난도 스킬까지 다양한 꿀팁을 배울 수 있는 채널이다. 정보를 얻는 채널 특성상 자칫 지루할 수도 있지만 깔끔한 진행과 오래 들어도 질리지 않는 목소리로 시청자를 머물게 한다.

유튜브 채널 디바제시카

여성의 경우도 다르지 않다. 필자가 최근 영어공부를 위해 열심히 시청하고 있는 유튜버 '디바 제시카'의 방송을 보면 내가 지금껏 들었던 어떤 영어수업보다 재밌다. 빼어난 미모와 발음, 콘텐츠 구성력도 한몫하겠지만 무엇보다 스마트폰을 놓지 못하게 하는 것 중 하나는 그녀의 목소리다. 카랑카랑한 목소리와 애교 있는 콧소리를 듣고 있으면 영어공부를 안 할 수 없게 만든다.

20~30분이 넘는 방송을 보면서도 단 한순간도 지루하다는 느낌을 받지 않는다. 아니 오히려 방송이 짧다는 느낌마저 든다. 동네 친언니, 친누나 같은 이미지와 동시에 화려한 언변을 보여준다. 강약 조절이 매우 능하며 말의 속도를 조절하면서 매 순간 긴장을 놓지 않게 만든다. 시청자들과의 소통, 리액션도 매우 능숙하다. 칭찬과 가벼운 혼내기를 반복하면서 호흡하는 느낌을 준다.

그녀의 방송을 한 번만 본다면 왜 130만 명의 구독자들이 시청하는지 알 수 있다.

 유튜브 채널 이사배

원더걸스 선미와 닮은 외모로 많은 인기를 끌고 있는 유튜버 '이사배' 역시 차분한 설명과 단아한 목소리 톤이 매력적이다. 특히 제품 리뷰를 진행할 때 적절한 속도와 이야기하듯 부드러운 그녀의 소리 톤은 시청자의 귀 또한 즐겁게 한다. 가끔씩 보여주는 그녀의 애교는 덤이다.

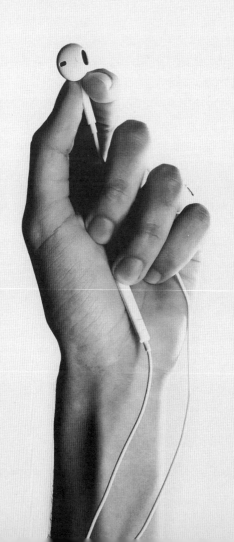

"소리가 콘텐츠의 전부는 아니다.
하지만 소리를 간과한 콘텐츠는
오래갈 수 없다."

영상에 개성이 드러날 수 있는 음악

최근 1인 미디어 크리에이터들의 방송 현장과 일상을 담은 예능 프로그램 〈랜선 라이프〉가 큰 인기를 끌고 있다. 1인 미디어계의 유재석이라고 할 수 있는 대도서관이 출연하고 있는데, 다른 크리에이터들과 다른 한 장면이 눈에 띄었다. 바로 작곡가와 함께 방송 시그널, 배경 음악을 작업하는 장면이었다.

크리에이터들은 영상의 지루함을 없애고 재미를 더 하기 위해 다양한 자막과 효과음, 그리고 배경음악을 사용한다. 기본적으로 유튜브에서 영상을 올릴 때 오디오 라이브러리에서 공개된 무료 음원을 사용할 수 있다. 하지만 이제는 너무 많이 사용된 나머지 비슷한 음악을 사용한 유튜브 영상들은 비슷한 느낌을 주고 듣는 동시에 영상에 대한 흥미도 떨어진다. 그래서 크리에이터마다 자신의 시그널 음악을 만들어 넣거나 배경 음악을 직접 연주하거나 지인에게 부탁해 제작하는 사례도 점점 많아지고 있다.

배경이나 시그널에만 차이를 줘도 다른 영상들과 차별성을 확보할 수 있다. 그렇다고 저작권이 있는 음악을 함부로 사용해서는 안 된다. 저작권이 없는 음악들이라도 사람들이 많이 사용하지 않는 음악이나 특정 구간을 편집해 새로운 느낌을 줄 수 있다.

 저작권 걱정 없는 음악 구하기

ASMR에
열광하는 이유

ASMR[autonomous sensory meridian response]
: 자율 감각 쾌락 반응

더 쉬운 표현으로 '귀르가즘' 정도로 이해하면 된다. 소리를 통해 뇌를 자극해 심리적 안정감을 유도한다. 물 소리, 바람 소리 등을 통해 사람의 청각을 극대화한다. 갑자기 이런 어려운 단어는 왜 이야기하는 걸까. 최근 가장 핫한 1인 미디어 콘텐츠 중 하나기 때문이다. 귀르가즘이 콘텐츠가 될 수 있다고? 가능하다. 가능한 것을 넘어 엄청난 인기를 끌고 있다.

앞서 말한 '꿀꿀선아'라는 유튜버에 대해 이야기해보자. 음식

꿀꿀선아 치킨 ASMR
치킨을 한 번이라도 맛본 적이 있는 사람이라면 이 방송을 보고 치킨 주문을 미룰 순 없을 것이다.

을 요리하고 만든 음식을 먹는다. 여기까지는 다른 먹방 콘텐츠와 크게 다르지 않다. 하지만 소리를 전달하는 방식이 다르다. 일반적으로 보는 먹방 콘텐츠와는 달리 매우 조용하다. 대신 음식을 만드는 소리가 마치 몇 배로 크게 틀어놓은 것처럼 생생하고 크게 들린다. 오이를 썰고, 국을 끓이는 소리가 바로 내 귀 옆에서 일어나는 것처럼 들린다. 처음엔 '이게 뭐지' 하다가도 이내 중독되어 빠져들게 된다. 한참을 멍하니 보고 있다 보면 어느새 음식이 완성된다. 그제서야 진행자가 등장한다. 예쁘고 귀여운 외모의 한 여성 진행자가 음식을 먹기 시작한다. 여느 먹방과는 달리 조용하게 음식을 먹기 시작한다. 양쪽에 위치한 마이크에 한 번씩 음식 먹는 소리를 들려준다. 이어폰을 끼고 있으면 양쪽 귀가 한 번씩 자극된다. 트리거(trigger: 반응을 일으키는 방아쇠)로 신경을 자극해서 팅글(tingle: 기분 좋은 자극)을 느끼게 하는 것이다.

참고영상/사진
ASMR 전문 채널 '미니유'
헤어살롱 ASMR

이 같은 콘텐츠는 먹방에 한정되지 않는다. 46만 명이 구독하는 '미니유'라는 유튜버의 채널을 보면 이발소의 상황을 ASMR로 표현한 영상이 있다. 개인적으로 처음 영상을 접했을 때 신선한 충격이었다. 1인 미디어 콘텐츠의 한계가 없음을 보여주는 느낌이었다. 실제 미용실에서 헤어를 하고 샴푸를 하는 과정을 보여준다. 우리가 소리에 자극을 느끼는 순간 중 하나가 머리를 감을 때다. 헤어 커팅, 샴푸하는 과정을 보고 있으면 마치 실제로 머리를 하는 느낌을 받는다. 일종의 대리만족을 통해 편안함을 느낀다.

19만 명이 관심을 갖고 구독중인 'UNO'라는 ASMR 채널은 잘생긴 두 명의 쌍둥이 청년이 등장한다(실제로 쌍둥이는 아니라고 한다). 쾌락반응의 극강 부위인 귀를 형상화해서 방송화면 중앙에 배치한다. 귀 모형에 대고 두 남성이 소리를 낸다. 잘생긴 외모가 한몫을 한 건 부정할 수 없는 사실이지만 소리만으로 콘텐츠가 만들어질 수 있다는 것은 여전히 놀랍다.

시청자들은 점점 더 영리해진다. 더욱 질 높은 콘텐츠를 찾는다. 콘텐츠의 질을 높이는 것은 청각적 요소다. 매력적인 아이템을 찾았다면 이제는 소리의 질을 높여라. 당신의 방송이 롱런할 수 있는 비결이다.

"매력적인 아이템을 찾았다면
이제는 소리의 질을 높여라."

소리의 질을 높이자

일단 소리의 질을 높이는 가장 첫 번째는 환경이다. 소리가 울리지 않는 공간을 만드는 것이 중요하다. 간단한 실험을 통해서 확인할 수 있다. 스마트폰 녹음 버튼을 누르고 여러 공간에서 녹음을 시도해보자. 카페나 야외에서 할 때와 방이나 차 안에서 할 때의 차이는 크다. 특히 차의 경우 사방이 시트로 확실한 방음이 되어 마치 스튜디오 녹음 현장과 비슷한 효과를 가져온다.

하지만 야외 촬영이나 완벽한 방음이 되지 않는 공간에서 촬영을 진행할 경우 소리가 멀게 느껴지거나 또렷하게 들리지 않을 수 있다. 방송 형태나 인원에 따라 다르지만 필자의 경우 핀마이크를 주로 사용한다. 미국의 유명 브랜드인 슈어 스마트폰용 핀마이크를 사용 중이며 금액은 7만 원대 정도다. 집에서 놀고 있던 아이폰 공기계가 있어 연결해 사용 중이다. 생각 이상으로 좋은 소리를 만들어준다. 핀마이크를 통해 따로 녹음된 소리를 편집툴을 활용해 영상에 입히는 방식을 사용하고 있다.

실내 방송의 경우 콘덴서 마이크도 좋은 방법 중 하나다. 전문적이고 고품질의 녹음이 필요할 때 효과적이다. 본인의 방송 콘텐츠와 촬영 형태에 맞게 적절한 기기를 사용하는 것이 중요하다. 조금만 신경 쓴다면 한층 더 매력적인 소리를 만들 수 있다.

최고의 소리는
당신의 목소리다

　가장 좋은 소리는 무엇일까. 트렌디한 음악, 적절한 효과음, 분위기에 어울리는 배경음. 어느 것 하나 중요하지 않다고 할 순 없다. 하지만 가장 중요한 소리는 당신의 목소리다. 진행자의 목소리만큼 시청자에게 중요한 소리는 없다.

　난 좋은 목소리가 아닌데, 난 예쁜 목소리가 아닌데. 이런 걱정을 할 수 있다. 하지만 필자가 말하는 좋은 목소리는 아나운서 같은, 기상 캐스터 같은 목소리를 말하는 것이 아니다. 당신이 가지고 있는 그 목소리가 최고의 소리가 될 수 있다. 목소리는 그 사람의 고유한 소리이다. 비슷한 목소리는 존재할 수 있지만 결국 동일한 소리는 나올 수 없다. 그 사람이 가진 구강구조, 성대, 보이스컬러, 발음, 발성 등 모든 것이 어우러져서 소리가 나온다. 바꾸려고 한다 해서 쉽게 바꿀 수 있는 것도 아니며 따라 한다고 해서 쉽게 따라 할 수 있는 것도 아니다. 그만큼 고유 영역이 바로 목소리다.

발신자 표시제한으로 전화가 걸려 와도 친구의 목소리는 단번에 알아챈다. 부모님의 목소리는 멀리서 들어도 알 수 있다. 그 사람의 음성을 듣는 순간 머리에 그 사람의 이미지가 그려진다. 목소리는 본인을 표현할 수 있는 확실한 시그니처다.

역사 강사로 유명한 '설민석' 강사의 강의를 본 적이 있는가. 평소 학교에서 듣던 수업과는 다르게 지루함이라곤 찾아볼 수 없다. 귀에 쏙쏙 들어오는 그의 목소리는 자고 있던 학생도 일으켜 세운다. 정확한 전달력과 시원시원한 목소리, 거기에 내용 흐름에 맞는 적절한 표현력, 강약 조절은 타의 추종을 불허한다. 밀고 당기는 소리만큼은 가히 최고라고 생각한다.

스피치 강사로 알려진 '김미경' 강사를 보자. 그녀가 아나운서 같은 목소리를 가지고 있는가. 뛰어난 발음과 발성을 가지고 있는가. 글쎄 보는 이에 따라 개인차는 있지만 필자의 생각은 그렇지 않다. 그런데도 그녀의 스피치는 흡입력이 있고 매력이 있다. 듣는 이를 끌어들인다. 때론 반말과 존댓말을 적절히 섞어가며 특유의 제스처와 표정으로 청중들의 귀를 사로잡는다. 그녀만의 확실한 소리를 가지고 있다. 자기 소리를 가진 사람의 무서움은 한번 빠지면 머리에서 잊혀 지지 않는다. 계속해서 그녀의 목소리를 찾게 된다.

그런데 이런 사람들이 처음부터 이런 끌리는 소리를 가지고 있었을까. 그렇지 않다. 수많은 무대와 수많은 청중들 앞에 서면서 계속해서 갈고닦은 것이다. 실전을 통해 연습을 통해 끊임없이 다듬고 연습한 것이다. 소리의 중요성을 잘 알고 있기 때문이다. 소리의 중요성을 아는 사람과 모르는 사람의 차이는 엄청나다.

목소리를 다듬고 변화시키는 것은 쉽지 않다. 오랜 시간 노력과 트레이닝이 필요하다. 또한 완벽하게 변화시킨다는 것은 사실상 어려울 수도 있다. 필자는 이 책을 읽고 당신이 아나운서가 되길 바라지 않는다. 아니 불가능할 수도 있다. 하지만 적어도 내 소리를 찾고 내 소리를 알기를 바란다. 당신이 거울을 보는 시간의 1/10만 소리를 보는 시간에 투자해라. 어떻게 발음하는지, 목소리의 매력은 무엇인지, 어떤 표현을 자주 하는지 스스로 내 목소리를 들어봐라. 그리고 무엇보다 당신의 목소리에 자신감을 가져라. 모든 소리에는 장점이 있고 매력이 있다. 내 소리의 장점을 찾고 그것을 극대화하는 것이 이 책을 읽고 당신이 해야 할 일이다. 콘텐츠는 베껴도 소리를 베낄 순 없다. 당신이 가진 몇 안 되는 원천적인 최고의 무기다.

"콘텐츠는 베껴도
소리를 베낄 순 없다."

자막 제대로 넣자

맞춤법에 어긋난 자막이나 언어 사용은 콘텐츠의 질을 떨어뜨리는 또 하나의 요인이다. 특히 청소년이나 젊은 세대가 많이 접하고, 전 세계인이 접하는 유튜브 채널의 특성상 영상을 보는 사람에게까지 잘못된 맞춤법이 심어질 수 있으므로 조심해야 한다.

〈자주 틀리는 자막 맞춤법〉

- 일사분란 → 일사불란
  '한 오리 실도 엉키지 아니함'이란 뜻으로, 질서가 정연하여 조금도 흐트러지지 않음을 이르는 말이다. 예능 프로그램이나 유튜브 자막에 자주 등장하는 단어로 일사불란이라고 쓰는 것이 맞다.
- 천상 → 천생
- 곰곰히 → 곰곰이
- 피로회복 → 피로해소
  피로는 회복의 대상이 아닌 제거의 대상이므로 숙취해소처럼 피로해소라고 쓰는 것이 맞다.
- 안되요. → 안 돼요.
- ~하면 되. → ~ 하면 돼.
- 부셔버릴 거야. → 부숴버릴 거야.
- 자꾸 그러면 어떻게. → 자꾸 그러면 어떡해.

아무도 소리에 관심이 없다, 그래서 차별화다

평소 홈쇼핑을 즐겨보는가. 젊은 층이라면 온라인 쇼핑몰을 많이 활용하긴 하지만 4~50대 부모님 세대는 여전히 홈쇼핑으로 많은 물건을 구매한다. 실제로 TV 홈쇼핑의 주 고객층이 4~50대가 많다. 어머님들이 홈쇼핑을 보는 모습을 자세히 관찰해봐라. 사람마다 차이는 있겠지만 대부분 홈쇼핑을 드라마 보듯이 뚫어져라 보는 사람은 많이 없을 것이다. 시간을 맞춰 놓고 기다리는 경우도 드물다. 청소할 때, 빨래할 때, 밥 먹을 때 그냥 켜놓고 보는 경우가 많다. '시청한다'라기보다는 그냥 '틀어놓는다'라는 표현이 더 맞을 것이다.

그럼 언제 홈쇼핑에 시선을 돌리게 될까. 쇼호스트가 무언가 매력적인 물건을 설명하거나 소개할 때 눈이 간다. 시각적인 부분도 있겠지만 대게 소리를 듣고 집중을 하기 시작한다. 목소리에 의해 반응하는 것이다. 그때부터 하던 일을 멈추고 TV로 눈을 돌린다.

필자는 현재 쇼호스트로도 활동하고 있다. 필자 역시 쇼호스트가 되기 위해 수년간 공부를 해왔다. 실제 쇼호스트 준비생을 위한 아카데미를 다녔다. 그곳에서 다양한 것을 배웠다. 표현력, 이미지 컨설팅, 방송 진행 시스템, PT 구성 방법, 외모 관리까지 방송인으로 갖춰야 할 여러 가지 필수 요소를 배워 나간다. 그중 가장 중요한 것 중 하나가 바로 보이스 트레이닝이었다. 전문 아나운서, 성우, 쇼호스트들에게 직접 교정을 받으며 트레이닝을 한다. 소리에 대한 공부를 끊임없이 한다. 발음, 발성부터 내가 가진 목소리의 장점을 최대로 끌어내 나만의 매력을 만들어낸다. 매일 뉴스를 읽고 녹음하는 행위를 반복한다. 개인차가 있지만 실제로 같이 공부했던 친구들 중에서는 몇 달 만에 몰라보게 목소리가 변화하는 것을 보았다. 좀 더 전문적이고 매력적인 소리를 낼 수 있게 되는 것이다.

비단 쇼호스트뿐이 아니다. 아나운서, MC, 캐스터, 리포터 등 방송 쪽에서 말을 하는 모든 직업은 이와 같은 트레이닝을 받는다. 좀 더 세련되고 전문적이면서 나만의 매력을 나타낼 수 있는 목소리를 만들기 위해 끊임없이 공부하고 노력한다.

출처 빛나는MC

목소리 훈련 모습

'나는 쇼호스트가 될 생각은 없는데, 내가 전문 방송인을 할 게 아닌데' 이런 생각을 할 수 있다. 맞다. 당신에게 내 꿈을 강요할 생각은 없다. 하지만 당신이 전문 방송인이 될 생각이 없기 때문에 꼭 소리 트레이닝이 필요하다. 1인 미디어를 하는 대부분의 사람들이 이렇게 생각하기 때문이다.

아무도 목소리에 대한 관심과 노력을 하지 않기 때문에 당신이 조금만 노력해도 엄청난 차별성을 가질 수 있는 것이다. 실제로 유명 크리에이터 중에서 방송인 출신도 많다. 물론 방송인 출신이라고 무조건 크리에이터로 성공하는 것은 아니지만 기존 방송 경험을 통해 다듬어진 만큼 소리의 전달력이 좋은 건 사실이다. 앞으로는 이러한 차별성 역시 점점 상향 평준화될 것이다. 남들보다 한 발짝 먼저 앞서가라.

유튜브 채널 'Egee Beauty'
기상캐스터 출신 방송인 박은지는 뷰티 유튜버로 활동 중이다.

유튜브 채널 '애TV'
아나운서 문지애는 최근 애TV를 개설해 그림책 읽어주기 등
육아 유튜버로도 활동을 시작했다.

새로운 콘텐츠를 개발하는 것은 매우 중요하다. 남들이 하지 않는 기발하고 독특한 아이디어는 1인 미디어에게 매우 중요한 요소다. 하지만 기본이 갖춰져 있지 않는 콘텐츠는 절대로 오래 갈 수 없다. 시청자들의 눈이 높아졌다. 창작자들의 기획력과 편

집력도 날이 갈수록 좋아지고 있다. 최근 올라오는 영상들의 수준을 보면 웬만한 공중파 채널의 방송 못지않은 높은 퀄리티를 자랑한다.

1인 미디어는 더 이상 개인 방송이 아니다. 수많은 사람들이 보고 영향을 받는 파급력 있는 매체로 성장했다. 즉, 당신이 1인 미디어를 시작함과 동시에 방송인이라는 스스로에 대한 자부심을 가져야 한다. 그에 어울리는 소리를 갖추기 바란다.

장르에 맞는 차별화된 목소리를 만들자

모든 방송을 똑같은 목소리와 톤으로 진행할 수는 없다. 장르에 맞게 차별화된 소리의 특징을 보여주는 것이 중요하다. 각 장르를 대표하는 크리에이터들의 방송을 감상하면서 각 장르별 소리 전략에 대해 알아보자

1. 먹방 : 먹방의 핵심은 음식 소리다. 보는 사람이 식욕을 느낄 수 있도록 음식 먹는 소리를 잘 들려주는 것이 중요하다.

먹방 스트리머의 대표주자 벤쯔
대한민국 최초로 구독자 수 250만 명을 돌파한 먹방 유튜버

엠브로는 Monster Brothers의 약자로,
식성이 괴물 같이 어마어마하다는 의미
방송을 시작한 해 아프리카 시상식 수상자로 50인에 선정

2. 게임 : 지루하지 않게 톤의 높낮이와 속도 조절이 중요하다. 루즈해지는 순간 시청자들은 나간다.

대도서관
한국 유튜브 시장을 개척 · 다양화한
1인 미디어계의 선구자이자 모범 유튜버의 표본

도티TV
한국 최초 게임 유튜버 구독자 200만 달성자이자
현재 한국 게임유튜버 구독자 2위

3. 스포츠 : 확실한 샤우팅이 필요하다. 시청자들의 흥분을 끌어올려줄 에너지 있는 소리와 톤이 핵심 포인트다.

감스트
아프리카TV 역대 최다 시청자 수 기록 보유자
2018년 K리그 홍보대사, MBC 디지털 해설위원

꽁병지TV
축구 국가대표 골기퍼 출신으로
축구계 주요 사건을 해석하고 축구 경기 해설 및
경기 분석 콘텐츠 제작.

4. 뷰티 : 여성 시청자들의 비율이 높고 비교적 정보 전달이 많아 친근하면서도 정확한 전달력이 중요하다.

씬님
뷰티 크리에이터로 디자인 전공자의 감각을 발휘해 호평을 받음
현재는 구독자 백만 명 이상을 보유하고 있음

조효진
메이크업을 콘텐츠를 전문적으로 올리는 뷰티 크리에이터

5. 토크 : 토크 형태나 콘텐츠 따라 차이가 많이 나는 부분이지만 중요한 건 본인의 매력을 죽이지 않는 것이 중요하다. 억지로 꾸미기보다 최대한 평소 말하듯이 편안한 톤을 유지하는 것이 좋다.

윰댕
대한민국의 1세대 인터넷 방송인으로
특유의 차분한 목소리로 사랑받고 있음

임다tv
아재개그, 말장난으로 화제가 됨

"아무도 목소리에 대한
관심과 노력을 하지 않는다.
그래서 당신이 조금만 노력해도
엄청난 차별성을 가질 수 있다."

귀가 즐거우면
눈도 즐겁다

　가수 '조성모'를 알고 있는가. 요즘 어린 친구들에게는 조금 생소할 수 있다. 당시의 인기를 비교하자면 지금의 '워너원', '빅뱅' 정도라고 생각하면 된다. 어디까지 필자의 생각이니 판단은 독자에게 맡기겠다. 한 시대를 풍미했던 가수임은 분명하다.

　'조성모'는 처음에 '얼굴 없는 가수'였다. 무슨 소린가 싶을 수 있다. 쉽게 말해 얼굴을 노출시키지 않고 활동을 했었다. 〈TO HEAVEN〉이라는 곡으로 데뷔를 한 뒤 얼굴 노출 없이 신비주의 컨셉을 유지했다. '이병헌'과 '김하늘'이 주연한 뮤직비디오만 공개가 되었는데 많은 사람들이 조성모의 얼굴을 궁금해했다. 당시의 기대감은 여러 가지 복합적인 요소가 있었지만 첫 번째는 '조성모'의 소리였다. 부드러우면서도 폭발적인 그의 미성은 많은 사람들을 열광하게 했다. 그리고 궁금증을 자아냈다. 어떤 외모를 가지고 있을까. 〈이소라의 프러포즈〉에서 처음으로 방송을 출연하면서 얼굴을 공개했는데, 충격 그 자체였다. 물론 기대 이상으로 너무 잘생겼기 때문이다. 매력적인 소리에 훤칠한 외모까지 더해지면서 단숨에 일약 스타로 떠올랐다.

왜 갑자기 '조성모'의 인기에 대해 언급하는 것일까. 여기에도 소리의 힘이 숨어 있다. 물론 그의 훤칠한 외모가 인기의 한몫을 한 것은 부정할 수 없는 사실이다. 하지만 그의 출중한 외모만큼이나 중요했던 것은 그의 매력적인 목소리였다. 미성의 아름다운 목소리와 귀공자 같은 외모는 많은 여성들의 마음을 흔들었다. 소리로 인한 기대감이 비주얼 요소와 합쳐지면서 시너지를 발휘했던 것이다.

이번에는 배우들을 살펴보자. '이선균', '이병헌', '여진구'. 이들의 공통점은 무엇인가. 하나같이 이기적이게 잘 생기고 멋있다는 사실은 당연하다. 여기에 섹시한 중저음의 소리까지 가지고 있다. 만약 이들이 하이톤의 매력 없는 목소리를 가졌다고 생각해보자. 그렇다고 인기가 없을 외모는 아니지만 지금만큼의 매력은 덜 했을 수도 있다.

물론 모두가 중저음의 묵직한 소리일 필요는 없다. 본인만의 매력을 확실히 보여주는 소리가 중요하다. '노홍철'의 목소리가 객관적으로 아나운서 같이 묵직하고 정확한 소리라고 할 수는 없다. 하지만 그가 보여주는 캐릭터와 이미지에 매우 적합한 소리를 들려주고 있다. 약간 빠른 듯하면서 쏘아대는 소리, 높은 톤의 소리는 시청자들에게 즐거움을 준다. '하하'의 걸걸한 목소리는 그의 캐릭터에 최적화된 소리다. '정준하'에게 장난칠 때의 모습과 그의 목소리는 싱크로율 200%를 보여준다. 자기만의 매력을 담은 소리가 중요하다.

보이는 것이 전부가 아니다. 보이는 것과 그에 어울리는 소리가 합쳐졌을 때의 시너지는 가히 상상 이상이다. 귀가 즐거우면 눈도 즐거워진다. 시청자의 귀를 즐겁게 만들어라. 당신의 목소리로 할 수 있다.

"보이는 것이 전부가 아니다."

소리에는 메시지가 있다

목소리를 구분하는 특징으로는 소리의 세기, 높낮이, 음색을 꼽을 수 있다. 때문에 사람마다 목소리의 특징이 다 다르고, 처한 상황이나 감정에 따라 무의식중에 목소리가 변한다. 때문에 목소리를 통해 생각이나 감정을 느낄 수 있는 것이다.

최근 한 재미있는 연구 결과가 발표된 적이 있다. 최근 미국에서 유행하는 '스피드 데이트'라는 것이 있는데, 처음 본 상대와 짧은 시간 대화를 나누고 다른 상대로 바꿔 또 짧은 대화를 나누는 것이다. 대화를 통해 서로 마음에 든 남녀는 데이트 약속을 잡는 식으로 이루어지는 데이팅 프로그램이다. 미국의 한 데이터 과학자가 스피드 데이트에 참여한 남녀 수백 명의 대화를 모조리 수집하고 분석했다. 그 결과 하나의 패턴이 발견되었는데, 남성이 마음에 드는 여성을 만났을 경우 목소리의 높낮이를 일정하게 조절한다는 것이다. 남성이 이렇게 목소리 높낮이를 일정하게 조절하는 것은 상대에게 진중한 인상을 주려는 마음 때문이라고 한다. 실제로 다른 연구에서 여성에게 단조로운 목소리가 남성적으로 들린다는 결과가 나온 바 있다.

이렇듯 목소리는 간접적으로 다양한 메시지를 전달해준다. 목소리의 세기, 높낮이를 잘 조절할 수 있다면 전하고자 하는 메시지를 더욱 효과적으로 상대에게 전달할 수 있을 것이다.

얼굴이
나오지 않는다면

　필자는 라디오를 즐겨듣는 편이다. 라디오를 들을 때는 특히 DJ의 목소리에 신경을 쓴다. 오래 들어도 질리지 않고 부담이 되지 않는 소리를 찾게 된다. 최근에는 1인 미디어에서도 이런 라디오 콘텐츠가 많이 등장하고 있다. 소리를 중심으로 콘텐츠를 제공하는 팟캐스트, 팟빵이 그 대표적인 예다. 수십, 수백 가지의 다양한 콘텐츠들이 존재한다. 제목과 내용을 보고 콘텐츠를 선택하지만 계속해서 소비할지는 진행자의 소리가 많은 부분을 결정한다. 진행자의 말투와 목소리가 콘텐츠 내용에 어울리는 소리를 가지고 있는지는 청취자에게 매우 중요한 요소가 된다.

　'누나 쟤 흠먹어'라는 연애 팟캐스트를 들어보면 나긋하면서도 또박또박 읽어주는 여성 진행자의 목소리가 들려온다. 조금 서툰

듯 하면서도 진실성 있는 목소리는 라디오의 향수를 찾는 청취자들에게 매력적으로 들려온다. 또, 세상의 잡지식을 재밌게 풀어내는 '잡쇼'라는 팟캐스트 채널을 즐겨 청취하는데, 4명의 남자 MC가 즐겁고 유쾌한 목소리로 진행을 한다. 듣고만 있어도 기분이 업되는 느낌이다. '옆집 언니들'이라는 팟캐스트는 매력적인 목소리의 여자 MC 4명이 함께 진행한다. 세련되고 고급스러운 목

남자들을 위한 고민 상담
팟캐스트 '누나재흙먹어'

가깝고도 미스터리한
옆집 언니들의 이야기
팟캐스트 '옆집언니들'

세상의 잡지식을
재밌게 풀어내는 팟캐스트 '잡쇼'

소리로 옆집 언니같이 친근하게 수다를 떤다. 듣고 있으면 어느
새 피식 웃고 있는 내 모습을 발견한다.

　유튜브 채널 중에도 진행자의 얼굴이 나오지 않는 영상이 있
다. 아니 생각보다 굉장히 많은 콘텐츠가 존재한다. 몇 가지 예를
들어보자. 대표적인 장르가 영화 소개 콘텐츠다.

　30만 명이 구독하는 '소개해주는 남자'라는 영화리뷰 채널을
보면 영화의 줄거리를 요약해서 영상으로 보여준다. 여기에 나
레이션 형태로 대략적인 설명을 음성으로 직접 들려준다. 또박
또박 감정 없는 목소리로 영화의 내용을 설명해준다. 조금은 딱

딱한 느낌이 들 수도 있지만 영화에 좀 더 집중할 수 있도록 도 와준다.

'리뷰엉이'라는 채널은 32만 명이 구독 중에 있다. 이 채널의 방송을 보면 말을 짧게 끊는다. '뭔가에 물린듯한 상처', '아내에게 남은 거라곤 48시간', 이런 식으로 끝을 단어로 끝낸다. 불필요한 말을 최대한 줄이고 말을 많이 하지도 않는다. 최소한의 개입으 로 영화영상에 집중할 수 있게 만든다. 같은 영화리뷰 영상도 나 레이션마다 본인만의 특징과 콘셉트가 존재한다. 이런 콘셉트가 그 채널의 매력을 만들고 시청자들 붙잡는다.

 소개해주는 남자

또 다른 대표적인 음성 콘텐츠는 오디오북 콘텐츠다. 내가 책 을 읽는 것이 아니라 누군가 직접 읽어준다. 세련되고 깔끔한 목 소리로 시청자들의 귀를 사로잡는다. 특히 잠들기 전 듣고 있으 면 마치 책 읽다가 잠드는 것과 같은 느낌을 준다.

이외에도 여러 가지 소리가 중요시되는 콘텐츠가 많다. 일반적 인 제품 후기 같은 경우에도 얼굴이 나오지 않고 제품만 클로즈 업 되는 경우가 많다. 이럴 때는 소리의 영향이 매우 크다. 단순 히 목소리가 좋고 나쁘고의 문제가 아닌 정확한 발음과 전달력이 중요하다. 자막을 활용해서 전달력을 높일 수는 있지만 기본적으로 소리를 통한 전달이 중요하다. 얼굴이 나오지 않는 경우 표정이 드러나지 않기 때문에 오로지 음성만으로 내용을 전달해야 한다. 감정이 보이지 않기 때문에 소리의 전달력이 더욱 중요시 된다.

앞에서도 말했듯이 소리가 콘텐츠의 전부는 아니다. 절대적인 기준도 아니며 모두가 아나운서 같은 목소리가 필요한 것도 아니다. 하지만 소리의 힘은 당신이 생각하는 것보다 매우 크다. 절대로 간과하지 마라. 얼굴이 나오지 않는다면 더욱 소리에 집중해라.

"소리의 힘은
당신이 생각하는 것보다 매우 크다.
얼굴이 나오지 않는다면
더욱 소리에 집중해라."

1인 크리에이터가 꼭 알아야 할 저작권법

1인 크리에이터를 꿈꾼다면 반드시 숙지해야 할 부분이 저작권이다. 저작권이란 다양한 형태로 만들어진 저작물의 가치와 그에 따른 권리를 주장할 수 있도록 만든 법률이다.

가장 좋은 것은 미리 저작권을 등록해 놓는 것이다. 제3자가 허락 없이 내 콘텐츠를 게시하거나 원본과 다르게 변형, 수정하여 사용하는 경우 법적인 처벌을 요구할 수 있다.

과거에는 유튜브 측에서 개별 영상에 대해 공정이용 여부를 판단했는데, 지금은 채널 전체에 수익 창출을 금지하고 있어 조심, 또 조심해야 하는 부분이다.

음원의 경우, 실질적으로 저작권자의 허락을 받고 올려야 한다. 그렇지 않은 경우는 저작권이 없는 무료 음악을 사용해야 한다.

타인의 영상이나 TV 영상, 애니메이션 들을 수정해서 사용하는 것도 저작자의 허락을 받아야 한다.

또한 본인의 유튜브 영상물을 다른 사람들이 소스코드로 퍼갈 수 없도록 막으려면 [동영상 수정]-[고급설정]-[배포옵션]-[퍼가기 허용]에서 소스코드를 퍼갈 수 없게 설정할 수 있다.

 유튜버들이 자주 하는 저작권 오해 3가지

CHAPTER 3

당신의
목소리를 찾아라

완벽한 목소리는 없다.
당신의 목소리를 최고의 소리로 갈고 닦아라.

당신의 목소리는
어떤 소리인가

소리의 중요성은 앞에서 질리도록 충분히 이야기했다. 그렇다면 대체 어떻게 소리를 바꿔야 할까. 지금부터 당신의 소리를 바꿔보자. 소리를 바꾸기 위해서는 가장 먼저 내 소리가 어떤 소리인지 알아야 한다. 아마 특별한 직군에 종사하는 사람이 아니라면 본인의 목소리를 주기적으로 확인하고 점검하는 사람은 드물 것이다. 즉, 자신의 목소리를 잘 모를 확률이 높다.

혹시 본인의 목소리를 녹음해서 들어본 적이 있는가. 요즘에는 스마트폰의 녹음 기능이 있어 어렵지 않게 본인의 소리를 들어볼 수 있다. 혹은 스마트폰 셀프 동영상을 통해서도 본인의 소리를 들어본 적은 있을 것이다. 하지만 정확하게 내 목소리가 어떤 소리인지 집중해서 점검한 경험은 많이 없을 것이다. 내 소리를 알고 싶다면 첫 번째로 당신의 목소리를 녹음해라. 그리고 들어보면 된다. 아마 굉장히 어색하고 이상할 것이다. "평소 내가 말하는 소리가 이래?" 조금은 놀랄지도 모른다. 필자 역시 처음 녹음을 할 때 같은 생각이었다. 내 목소리가 이렇게 매력 없고 이상한 것을 처음 알게 되었다.

여기서 포기하면 변하는 것은 없다. 일단 내 목소리를 끊임없이 가능한 자주 듣도록 하자. 본인의 목소리에 익숙해져야 한다. 자꾸 듣다 보면 내 목소리의 어색함이 조금씩 사라질 것이다. 그 과정 속에서 장점도, 단점도 발견하는 것이다. 가능한 다양한 목소리를 녹음해보는 것이 좋다. 예를 들면 장르를 설정해서 녹음하면 효과가 더 좋다. 특별한 감정 없이 책을 읽는 목소리, 친구와 이야기할 때와 같은 자연스럽고 들뜬 목소리, 무대에서 발표하는 순간 등 여러 상황의 소리를 녹음해라. 아마 모든 상황마다 조금씩 다를 것이다.

카페에서 친구들과 이야기 할 때 나의 목소리는 어떠한가. 아마 굉장히 자연스러울 것이다. 편안하고 부담 없고 말도 술술 나올 것이다. 때론 조금씩 비속어나 은어도 섞여 나올 것이다. 떨림이나 긴장감은 특별히 느껴지지 않을 것이다. 생각 외로 내가 말을 잘한다고 느낄 수도 있다.

다음은 책을 한번 읽어봐라. 신문도 좋고 기사나 뉴스라면 더 좋다. 갑자기 어색하고 불편할 것이다. 중간에 틀리는 경우도 많고 목소리 자체도 딱딱해지고 떨릴 것이다. 어려운 숫자나 발음 부분에서 정확하게 전달이 되지 않을 것이다. 내가 이렇게 글을 못 읽었나 싶을 정도로 계속해서 틀리고 버벅거릴 것이다. 괜찮다. 매우 자연스러운 현상이다. 어쩌면 능수능란하게 읽는 것이 더 이상하다. 혹 당신이 그렇다면 이 책을 굳이 읽을 필요는 없다. 그냥 하던 대로 해라.

이번에는 평소 발표하는 모습을 녹음해라. 회사든 학교든 사람들 앞에서 발표하는 경우가 많을 것이다. 어떤 형태든 좋다. 대중 앞에서 말하는 내 모습을 녹음해라. 영상을 촬영하면 더욱 좋다. 녹음을 했다면 직접 들어봐라. 어떠한가. 떨지는 않는가. 했던 말을 계속 반복하지는 않는가. 목소리에 힘이 들어가지는 않았는가. 말이 빨라지지는 않았는가.

위에 몇 개 정도의 상황을 예시로 들었으나 실제로는 더 다양한 상황이 존재할 것이다. 가급적 많은 상황을 녹음해라. 그리고 들어봐라. 듣다 보면 매번 비슷한 공통점이 있을 것이다. 또한 특정한 상황에서만 나오는 소리의 특징이 있을 것이다. 또 그중에는 유난히 매력적이고 편안하게 들리는 소리가 있을 것이다. 가장 안정적이면서도 편안하게 이야기하는 상태를 찾아라. 그것이 당신의 소리이다. 그 소리를 다듬어라. 그것이 최고의 소리를 만

들어 줄 것이다.

기회가 된다면 주변에 들려주는 것도 좋은 방법이다. 실제 내 목소리와 녹음된 목소리를 들려주고 상대방이 느끼는 소리의 차이를 듣는 것도 효과적이다. 좀 더 객관적이고 내가 보지 못한 것을 볼 수 있는 가능성이 크다.

중요한 것은 당신의 소리를 자꾸 들어야 한다. 그리고 익숙해져야 한다. 당신의 소리가 어떤 소리인지 스스로 알아야 한다. 정확한 내 소리를 알았을 때 바꿀 수도 있는 것이다.

"중요한 것은
당신의 소리를 자꾸 들어야 한다.
그리고 익숙해져야 한다."

일상 속 목소리를 듣자!

1. 애플리케이션 활용하기

가장 자연스러운 내 목소리를 들으려면 무의식중에 녹음하는 것이 좋다. 통화 내용이 자동 녹음되는 애플리케이션을 통해 다양한 감정과 상황에 따른 내 목소리의 특성을 파악해 보는 것도 도움이 된다. 단, 모든 전화 내용을 다 녹음해주기 때문에 주기적으로 지워줘야 한다. (통화 자동 녹음 어플리케이션 – '통화녹음', 'T전화', '후후' 등)

2. 폰 마이크

스마트폰 환경이 많이 좋아졌지만 시끄러운 공간이나 기기의 한계로 잡음이 함께 녹음되는 경우가 있다. 조금 더 깨끗한 음질의 녹음을 원한다면 스마트폰용 마이크를 갖추는 것도 좋은 방법이다.

내 목소리의
매력을 찾아보자

당신의 목소리를 녹음해서 들어보았는가. 많이 어색할 것이다. 하지만 친해져야 한다. 그래야 소리의 매력을 찾을 수 있다. 이제부터 당신 목소리의 매력을 찾아보자. 객관적으로 내 목소리의 매력을 찾아보자. 당장 없다고 생각할 수도 있다. 하지만 실망하지 마라. 분명히 당신만의 매력이 있다. 우선은 반복해서 들어라. 지겹다고 느낄 만큼 반복해서 들어라.

매력 있는 소리는 어떤 소리일까. 흔히 우리가 좋다고 하는 목소리는 일반적으로 중저음의 보이스, 아나운서 같은 목소리를 말한다. 그렇지만 매력 있는 목소리라고 한다면 이야기가 조금 달라진다. 필자의 경우 처음 내 목소리를 들었을 때 매우 놀랐다. 어색해서 한번 놀랐고 생각보다 나쁘지 않아서 또 한 번 놀랐다. 주변에서 목소리가 좋다는 소리를 가끔 들은 적은 있었지만 내 목소리를 제대로 들어본 적은 없었다. 직접 녹음한 목소리를 들어보니 의외로 들어줄 만 하다는 혼자만의 착각에 잠시 빠졌었다. 가끔씩 높게 빠지는 하이톤 소리가 간간이 있었지만 충분히 개선 가능하다는 판단이 섰다. 일단 보이스 컬러에 있어서는 스스로 일정 부분 좋은 점을 찾았다.

또 하나의 장점은 특별한 "쪼(?)"가 많이 없었다. 서울 토박이 태생으로 사투리라곤 가끔 고향 친구와 통화하는 거제도 출신의 어머니 목소리 말고는 특별하게 접할 기회가 없었다. 다행인지 불행인지 과한 억양이나 사투리 톤, 흔히 말하는 습관적인 쪼(?)가 별로 없었다. 콘텐츠에 따라 사투리가 필요하거나 그것이 어울리는 경우에는 오히려 극대화하는 것도 한 가지 방법이다. 하지만 필자의 경우 따라 하고 싶어도 할 수 없을 정도로 철저하게 사투리와는 거리가 멀었다. 그래서 이 부분은 장점으로 체크하겠다.

마지막으로 트레이닝을 받지 않은 것치고는 비교적 발음이 나쁘지 않았다. 말이 빨라지면 발음이 뭉개지는 경향이 약간은 있었지만 심각하지는 않은 수준이었다. 발음의 경우 교정이 굉장히 어려운 부분 중 하나이다. 확실히 긍정적인 점이었다.

나름 분석적으로 내 목소리에 대한 평가를 하고 매력을 찾았다. 들어줄 만한 보이스 컬러, 무난한 발음과 억양. 부족한 부분이 많이 보였지만 그 속에서 분명히 나만이 가지고 있는 매력과 강점이 있었다. 아마 각자 본인의 소리를 들으면서 비슷한 생각을 했을 것이다. 분명 본인만의 강점이 보일 것이다. 그것을 찾아야 한다. 한 번에 찾아지지 않을 수 있다. 그렇다면 계속 들어라. 여러 번 반복해서 듣고 곱씹어 듣는다면 분명히 찾을 수 있다. 자만할 필요는 없지만 스스로에게 관대해져라. "이 정도면 매력 있지!"라는 생각으로 찾아내라. 부족한 매력은 트레이닝을 통해 극대화 시킬 수 있다.

완벽한 목소리는 없다. 당신의 목소리가 최고의 소리다.

"분명히 당신만의 매력이 있다.
그것을 찾아라."

내가 거슬리면
남도 거슬린다

앞에서 당신 목소리의 매력을 찾아보았다. 당신만이 가진 특징과 매력을 발견했을 것이다. 그런데 좋은 점만 있었을까. 글쎄 아마도 좋은 점을 찾는 것보다 거슬리는 부분이 더 많았을 것이다. 당연하다. 완벽하다고 느낀다면 귀의 이상이 있을 확률이 높다. 이번에는 당신의 목소리 중에서 거슬리는 부분을 찾아보자.

첫 번째는 소리의 거슬림일 것이다. 목소리 톤 자체가 불편한 경우가 있다. 무언가 과하게 높은 톤이라든지 너무 낮아서 답답한 경우일 수도 있다. 정확하게 내 톤이 어떤지 판단하는 것이 매우 중요하다. 완벽히 톤을 바꿀 수는 없지만 일정 부분은 개선이 가능하다. 최대한 본인이 가진 톤 안에서 조금 더 세련되고 개성 있게 다듬는 것이 중요하다. 필자의 경우 중저음의 보이스와 하이톤이 공존하는 소리를 가지고 있었다. 꾸준한 트레이닝으로 하이톤의 비율을 줄이고 전체적으로 낮은 소리를 만들었다. 지금은 이런 톤의 변경이 대화하는 데 전혀 부담을 주지 않는다. 완전한 변화보다는 기존의 소리를 다듬어 나가는 것이 더욱 매력적인 소리를 만들 수 있다.

두 번째는 자주 틀리는 말이 있을 것이다. 계속해서 안 되는 발음, 계속해서 틀리는 단어가 있다. 그것은 남들도 느낄 것이다. 내가 소리를 내는 데 불편한 발음이라는 말이다. 이런 단어나 표현들은 체크해두는 것이 좋다. 필자의 경우 "의원", "의사", "의견" 같은 이중모음에 굉장히 약했다. "의원"을 [으원], "의사"를 [으사]라고 발음했다. 이런 발음들이 자꾸 들리게 된다면 고쳐야 한다. 지인 중에 아나운서를 준비하는 친구가 있다. 이 친구는 받침이 있는 단어만 나오면 발음이 뭉개졌다. 심각할 정도로 발음이 많이 무너지는 친구였는데 꾸준하게 발음 연습을 통해 극복했다. 발음은 노력으로 충분히 바꿀 수 있는 부분이니 걱정하지 마라. 중요한 것은 찾는 것이다.

억양은 어떠한가. 표준 억양인가 사투리 억양인가. 다른 사람과는 다른 당신만의 억양이 존재하는가. 그것이 좋게 들릴 수도 나쁘게 들릴 수도 있다. 혹시 거슬리거나 불편하다는 느낌이 든다면 체크해라. 억양은 전체적인 스피치의 분위기를 만든다. 스피치를 넘어 그 사람의 이미지까지 만들기 때문에 굉장히 중요하다. 내 콘텐츠에 적합한 억양, 내 개성을 살릴 수 있는 억양인지 확인해야 한다. 1인 미디어의 경우 꼭 표준어를 써야 하는 제약이 있지는 않다. 실제로 구수한 사투리를 구사하는 유튜버나 크리에이터들도 많다. 하지만 이 부분 역시 본인의 이미지나 콘텐츠와의 접목이 중요하다. 만약 사투리를 고치고 싶다면 독하게 마음 먹어야 한다. 내가 주변에서 지켜본 바로는 치열하게 노력해야 가능하다.

성량도 확인해야 할 중요한 요소다. 타고나게 성량이 크고 발성이 좋은 사람이 있다. 솔직히 그런 사람들은 조금만 노력을 해도 매력적인 울림을 들려줄 수 있다. 축복받은 사람이다. 하지만 1인 미디어에서는 꼭 성량이 크고 발성이 좋아야만 하는 것은 아니다. 보통 마이크를 활용하는 경우가 많고 최근에는 오히려 성량을 죽이는 ASMR 같은 콘텐츠들도 많이 인기를 얻고 있다. 따라서 너무 걱정은 하지 마라. 다만 분명 발성이 좋으면 활용할 수 있는 소리가 많아지는 것은 사실이다. 내 발성이 어떤지, 울림통이 어떤지를 확인할 필요가 있다. 콘텐츠에 맞게 가공하자.

이 외에도 많은 거슬리는 점을 찾게 될 것이다. 같은 말의 반복, "자!, 네!, 일단! 음…" 같은 습관적으로 붙이는 말이 있을 수 있다. "진짜~, 정말~" 등 말을 길게 끄는 경우가 될 수도 있다. 최근에 영어공부를 위해 회화학원을 다니고 있다. 같은 수업을 듣는 친구들 중에 "You know, um… In my case" 같은 표현들을 말할 때마다 붙이는 경우가 있다. 필자 역시 예외는 아니다. 시간을 벌기 위한 용도로, 다음 표현을 생각하기 위해서 많이 사용한다. 이러한 표현들이 한국말을 할 때도 비슷하게 많이 나타난다. 스스로 자주 쓰는 단어나 표현이 있는지 확인해야 한다. 가끔은 좋지만 계속해서 사용하면 거슬리기 시작한다.

어떤 것이든 좋다. 당신이 듣고 조금이라도 거슬리거나 신경 쓰인다면 전부 적어라. 단점이라면 장점으로 장점이라면 더욱 매력적으로 만들면 된다. 중요한 건 스스로 아느냐 모르느냐다.

"단점을 없앨 수 없다면
장점으로 만들어라.
그것도 단점을 집요하게
좇아야 가능한 일이다."

자주 틀리는 발음

의식하지 않고 말하다 보면 잘못 발음하는 단어들이 꽤 많다. 정확한 발음은 상대로 하여금 신뢰감을 준다. 다음 단어들로 발음 연습을 해보자. 평소 잘못 발음하고 있었던 것이 있다면 바로 잡아 연습하자.

끝을 [끄틀] – 끄츨 x
맑습니다 [막씁니다] – 말씁니다 x
맑다[막따] – 말따 x
무릎에[무르페] – 무르베 x

사람들이 많이 틀리는 발음이 'ㄴ'이 받침으로 들어간 단어인데, 혀가 앞니 뒤쪽에 붙도록 정확하게 발음해주는 것이 중요하다. 다음 단어들을 읽으며 발음 연습을 해보자.

한강 [한–강] – 항강 x
관광객 [관–광객] – 광광객 x
본부장 [본–부장] – 봄부장 x
찬바람 [찬–바람] – 참바람 x

발음은 비슷하지만 의미에 따라 전혀 다른 단어인 경우도 있다. 잘 구분해서 사용해야 한다.

느리다/늘이다/늘리다
느리다 : 어떤 동작을 하는 데 걸리는 시간이 길다.
예) 지수는 걸음이 느리다.
늘이다 : 본디보다 더 길게 하다.
예) 고무줄을 늘이다.
늘리다 : 살림을 넉넉하게 하다.
예) 탐관오리는 백성을 수탈하여 재산을 늘렸다.

어떻게/어떡해
어떻 + 게 = 어떻게
어떻 + 게 + 해 = 어떡해
예) 어떻게 하다가 그렇게 됐니? = 어떡하다가 그렇게 됐니?

친구에게
물어라

　필자는 행사나 강의, 방송을 하면 항상 녹화를 한다. 요즘은 워낙 스마트폰 기능이 좋아서 녹화하는 것이 어렵지 않다. 삼각대 하나 정도 들고 다니면서 촬영을 하면 좋다. 번거롭고 남의 시선이 의식된다면 스마트폰 녹음 기능을 슬쩍 눌러놓고 시작해라. 개인적인 소장 용도의 목적도 있지만 모니터링을 위해서이다. 먼저 내가 보고 두 번째는 제3자에게 보여준다. 너무 친한 친구는 배제해라. 의외로 귀찮아한다. 적당히 친한 친구 중에 유독 오지랖이 넓고 남의 일에 관심이 많은 친구가 있을 것이다. 아주 적절한 대상이다. 그에게 부탁을 해라. 가급적 많이 보여줄수록 좋다. 남성이든 여성이든 친구든 동생이든 연장자든 좋다. 표본이 많을 수록 좋다. 전문가의 입장이 아니기에 더 솔직하고 느낀 감정을 그대로 들을 수 있다.

영상을 보여주면 다양한 의견을 줄 것이다. 그중에 맞는 것도 있고 틀리는 것도 있겠지만 계속해서 듣는 비슷한 의견이 있을 것이다. 필자의 경우 이런 방법을 통해서 스스로 몰랐던 내 소리의 장단점을 찾았다. 행사 진행할 때마다 말의 처음마다 "자!"라는 표현을 많이 사용한다. 청중들을 집중시키기 위한 용도이긴 하지만 영상을 돌려보니 너무 자주 사용하는 것이다. 실제로 지적받았던 영상을 돌려보면서 "자!"를 사용한 횟수를 세어보았다. 무려 78번을 사용했다. 30분짜리 행사에 78번의 "자!"를 썼다면 말 시작할 때마다 계속 붙였다고 할 수준이다. 이런 습관은 나중에 라디오 방송 진행할 때 "네!"라는 말을 앞에 붙이는 것으로 이어졌다. "네!"라는 표현을 정해진 횟수 이상 사용할 때마다 함께 진행했던 아나운서에게 커피를 샀다. 한동안 이 버릇을 고치기 위해 고생했다.

이뿐만이 아니다. 말의 속도가 빨라지는 버릇도 있다. 평소 크게 긴장을 하는 스타일은 아니지만 나도 모르는 사이 말의 속도가 점점 빨라지는 경향이 있다. 특히 가끔씩 게스트 없이 혼자 진행되는 방송을 할 때 유독 속도가 빨라져 PD님이 말씀하시길 "랩하는 줄 알았다."라며 나무라셨던 기억이 난다. 그래서 방송 카메라 옆에 "느리게"라는 포스트잇을 붙여놓고 촬영했던 적도 많다. 말하는 중간에도 의식적으로 "느리게"라는 생각을 계속하면서 말을 했다.

개인적으로 부모님의 모니터링이 매우 효과적이다. 필자의 경우 방송을 하거나 행사를 하는 영상을 어머니께서 같이 봐주신다. 보면서 그날 스피치의 특징이나 문제점을 지적해주신다. 아들의 영상이니 만큼 누구보다 관심 가지고 집중해서 봐주신다. 가끔은 서운하리만큼 냉정하고 엄격하게 지적해주신다. 특히 어른들의 입장에서 보면 주의해야 될 점이나 놓치는 부분을 잘 찾을 수 있다.

이처럼 누구나 자신만의 버릇이나 약점이 존재한다. 하지만 본인 스스로는 잘 모른다. 녹화를 해보고 녹음을 해서 확인해야 한다. 그래도 찾기 어렵다면 주변의 힘을 빌려라. 그리고 주기적으로 과거의 영상들을 다시 확인해라. 그 당시에는 좋아 보였을지라도 일정 시간이 지난 뒤 다시 보면 어색하고 부족한 부분이 보일 수 있다. 그래서 가급적 모든 것을 기록으로 남기고 영상으로 남기는 것이 중요하다. 한 번에 모든 것을 수정하기보다 차근차근 고쳐나가는 것이 훨씬 수월하다. 가장 안 좋은 것은 아예 고칠 생각을 하지 않는 것이다. 아니, 고칠 것이 무엇인지 확인하지 않는 것이다. 부끄러워하지 말고 친구의 귀를 빌려라.

"부끄러워하지 말고
친구의 귀를 빌려라."

1인 크리에이터가 되기로 마음먹었다면, 귀를 닫을 땐 닫아라

자신을 아끼고 응원해주는 사람들의 진심어린 조언은 적극 수용해야 하지만 때로는 과감하게 귀를 닫아야 할 때도 있다. 누구나 처음부터 호평을 받을 수는 없다. 하지만 많은 유튜버들이 처음부터 좋은 댓글이나 구독자 수의 상승 등 긍정적인 피드백을 받지 못하면 그만두는 경우가 많다. 무엇이든 꾸준히 할 때 한 단계 성장의 기회가 찾아온다. 예상치도 못한 콘텐츠가 대박이 나기도 하고, 꾸준한 영상 업로드로 축적된 콘텐츠 때문에 긍정적인 효과가 서서히 일어나기도 한다. 댓글에 성실히 답변하고 지적에 수긍하는 자세는 좋으나 맹목적인 악플이나 근거 없는 비판에 너무 빠져서는 안 된다.

동시에 내 콘텐츠 역시 특정인이나 특정 무리를 비하하거나 근거 없이 비판하는 용도로 사용하지 않는 것 또한 중요하다. 누군가를 먹잇감으로 한 자극적인 콘텐츠가 당장은 좋을지 모르나, 자멸하는 지름길임을 잊지 말아야 한다.

다른 사람의
소리를 들어보자

내 목소리를 듣는 데 지쳤는가. 지겹다는 생각이 든다면 잘하고 있다. 그럼 이번에는 다른 사람의 소리를 한번 들어보자. 나와 같이 대화한 사람의 소리도 좋고 관심 있게 봤던 유튜버나 크리에이터도 좋다. 혹은 아나운서, 쇼호스트, 기상캐스터 같은 전문 방송인도 좋다. 다양한 사람들의 소리를 들어봐라. 그냥 듣는 것이 아니라 내 목소리를 듣고 체크했던 부분을 확인하면서 들어라.

먼저, 전문 방송인의 소리를 들어보자. 가장 교과서적인 소리를 듣고 싶다면 9시 뉴스의 앵커 목소리를 들어봐라. 앵커별로 차이는 있지만 특히 KBS의 경우 철저하게 장단음까지 정확히 지키는 경우가 많다. 그들의 소리를 들어봐라. 평조로 높낮이가 크

뷰티 크리에이터 '김기수' 유튜브 채널
개그맨에서 뷰티크리에이터로 제2의 전성기를 맞고 있으며
여자보다 더 화장을 잘 하는 크리에이터로 인기를 한몸에 받고 있다.

지 않게 읽어나갈 것이다. 아나운서의 경우 정확한 내용을 전달하는데 그 목적을 두고 있어 감정이 많이 들어간 표현이나 억양보다는 듣는 데 거북함이 없이 깔끔한 소리를 주로 구사한다. 내 목소리가 아나운서 톤에 가깝거나 콘텐츠의 방향이 이런 쪽이라면 특히 주의해서 들어야 한다.

소리를 트레이닝 하는 경험이 처음이라면 방향성과 개성을 논하기 이전에 교과서적인 소리가 어떤 소리인지 아는 것은 중요하다. 물론 아나운서도 조금씩 콘텐츠에 따라 소리의 차별성을 두고 있다. 기상캐스터의 경우 일반 뉴스보다는 조금 더 경쾌하고 밝은 소리로 말한다. 날씨라는 부담이 덜한 정보를 전달하기 때문에 친근감 있는 말투와 표현을 사용한다. 딱딱한 문어체보다는 구어체로 말한다.

1인 미디어 크리에이터 중에서도 매력적인 소리를 구사하는 사람이 많다. 뷰티 방송으로 많은 인기를 끌고 있는 연예인 출신 유튜버 '김기수'를 보면 중성적이면서 여성스러운 제스처와 표현이 많다. 뷰티라는 여성 중심의 콘텐츠에 적절하게 어울린다. 비교적 발음도 좋고 전달력도 우수해서 내용 이해가 쉽다.

12만 명이 관심 갖고 즐겨보는 '클래씨티비'라는 유튜브 채널을 보면 댄디한 남자 진행자가 남자에게 어울리는 액세서리에 대해 소개한다. 지갑, 시계, 향수 등을 각각 브랜드별, 가격별로 나눠서 알려준다. 허스키하면서 중저음의 매력적인 목소리는 좋은

유튜브 채널 '클래씨티비'
멋지고 젠틀한 남자가 되기 위한 스타일, 매너팁 등을 알려주는 크리에이터

콘텐츠를 한층 더 빛나게 만든다. 다양한 목소리 더빙으로 유명한 '유준호'채널은 구독수만 75만 명이 넘는다. 여러 가지 영상을 다양한 목소리로 더빙하는 그의 능력은 가히 놀랄만하다. 어떤 영상도 그의 소리가 들어가면 더 재밌고 매력 있게 변한다. 목소리의 힘을 가장 효과적으로 극대화한 채널이다.

유준호
더빙 콘텐츠를 제작하는 크리에이터.
갈릭스웍의 멤버이자 영화감독이기도 하다.

'LAMUQE' 라는 뷰티 유튜버 역시 매력적인 목소리의 소유자다. 125만 명이 구독하는 핫한 채널이다. 약간씩 튀는 목소리가 질리지 않고 귀에 들어온다. 특히 나레이션이 귀에 꽂힌다. 뷰티 콘텐츠 특성상 너무 무거운 분위기 보다는 개성 있고 특색 있는 목소리가 시청자들을 사로잡는다.

LAMVQE 라뮤끄
개성 있는 목소리뿐 아니라 영상 편집 퀄리티가 높아
많은 팬을 보유하고 있다.

연예인 중에서도 좋은 소리를 가진 사람은 많다. 앞서 얘기했던 '이병헌'이나 '이선균'처럼 섹시한 목소리도 있지만 특색 있는 소리를 가진 경우도 있다. 개인적으로는 최근에 개그맨 '양세형'의 목소리를 들으면서 좋다는 생각을 했다. 약간은 힘이 빠진 듯한 소리지만 강약 조절이나 목소리의 스피드가 좋아서 지루하다는 느낌이 없다. 물론 화려한 입담과 언변도 한몫을 하는 것은 당연하다.

많은 사람의 소리를 들어봐라. 듣다 보면 나랑 어울리는 소리, 나한테 필요한 소리를 구사하는 사람을 보게 된다. 또 나와 비슷한 단점을 가지고 있는 경우에 어떤 식으로 보완하는지 배울 수 있다. 지피지기는 백전백승이라는 말이 괜히 나온 이야기는 아니다.

"다양한 사람들의
소리를 들어라."

재미 있는 소리 콘텐츠

　최근 젊은 층들 사이에서 새로운 놀이 트렌드가 되고 있는 '더빙 어플'. 연기, 뮤직비디오, 상황극 등 미리 녹음된 오디오에 다채로운 표정연기를 덧입힌 짧은 영상으로 인기를 끌고 있다. 이런 짧은 영상들을 잘 활용하면 새로운 소리 콘텐츠나 마케팅 콘텐츠로 사용할 수 있다.

1. 틱톡(Tik Tok)
　15초 이하의 영상에 연출된 모습을 촬영해 올릴 수 있다. 편집이 쉽고 재미있는 특수효과가 있어서 10~20대가 많이 이용하는 어플이다. 팔로우 기능이 있어서 이용자 간 SNS 역할도 한다.

2. 뮤지컬리(musical.ly)
　25초 동안 립싱크를 하는 어플로, 자신만의 뮤직비디오를 완성할 수 있다.

3. 콰이(kwai)
　영화, 드라마, 예능, 만화 등에 나오는 명대사에 입모양을 맞춰 영상을 촬영하는 더빙 애플리케이션이다.

나만의
롤모델을 찾아라

모방은 창조의 어머니다. 무언가를 시작할 때 가장 먼저 남의 것을 보고 따라한다. 스타일 나게 옷을 입고 싶다면 나랑 비슷한 체형, 비슷한 이미지의 연예인을 찾아 그 사람의 스타일을 따라한다. 헤어샵에서 어떤 스타일을 할지 고민될 때 모델들의 헤어 샘플 사진을 본다. 나와 비슷한 얼굴형, 피부톤을 가진 모델의 헤어를 보고 결정한다. 완전한 무에서 유를 창조할 순 없다. 기존의 것을 발전시켜 나만의 새로운 것을 만드는 게 가장 효과적인 방법이다.

앞서 다양한 사람들의 소리를 듣다 보면 묘하게 이 사람은 "내가 따라 할 수 있을 것 같은데" 하는 느낌이 올 때가 있다. 그 사

리얼TV 직업소개 촬영현장

람을 롤모델로 선정해라. 혹은 내가 따라하고 싶은 소리를 가진 사람, 친구, 연예인 등을 찾아라. 무작정 베끼고 따라 하라는 것이 아니다. 비슷한 소리를 내는 사람을 보면서 장단점을 분석하고 내 소리에 맞게 적절하게 활용하는 것이다.

처음 쇼호스트를 준비할 때 닮고 싶은 쇼호스트를 찾는 일을 제일 먼저 했다. 그 사람의 목소리, 발성법, 표현력, 스타일, 헤어까지 세세하게 분석했다. 그 사람이 나오는 방송을 챙겨보면서 비슷하게 따라 해보곤 했다. 언제 힘을 주고, 언제 톤을 높이는지 매의 눈으로 분석했다. 물론 이런 방법이 처음에는 효과적이지만 일정 수준에 올라서면 오히려 독이 될 수 있다. 마치 성대모사를 하는 느낌을 줄 수 있기 때문에 적당한 수준의 참고 정도만 하는 것이 효율적이다.

혹시 롤모델을 찾는 게 어렵다면 주변에 친구들에게 물어보는 것도 좋은 방법이다. 나와 닮은 사람, 비슷한 목소리, 겹치는 이미지가 있는지 물어라. 꼭 한 명일 필요는 없다. 롤모델의 범위가 넓으면 다양한 매력을 끌어 담을 수 있는 장점이 있다. 각기 개성과 매력을 조합해 나만의 것으로 새롭게 만들 수 있다. 특정 직업군을 선정하는 것도 좋은 방법이다. "쇼호스트처럼 말해야지", "텔레마케터 같은 목소리를 갖고 싶어", "개그맨처럼 재밌고 다양한 소리가 부러워", "뮤지컬 배우처럼 울림 있는 소리가 어울릴 것 같아"… 이렇게 본인이 갖고 싶은 목소리의 직업군을 찾는 것도 한 가지 방법이 될 수 있다.

소리에 정답은 없다. 본인이 가진 소리를 바탕으로 갖고 싶은 목소리의 목표를 정해라. 목표를 따라 가다보면 어느새 다듬어진 나만의 소리를 갖게 된다.

제스처로 알아보는 심리

백 마디 말보다 하나의 표정, 몸짓이 의미 전달에 더 큰 효과를 줄 때가 있다. 의미 없는 제스처를 남발하기보다 제대로 된 제스처 한 번으로 의미를 극대화해보자. 사람들이 어떤 때에 어떤 제스처를 많이 하는지 파악해보고, 말을 할 때 어떤 제스처를 적절히 사용할지 연습해보자.

1. 팔짱을 낀다
팔짱을 끼는 것은 스스로를 보호하는 제스처다. 방어하고 싶은 마음이 강한 것이다. 그만큼 팔짱을 끼는 제스처는 상대가 대화에서 멀어져 가고 있다는 증거다.

2. 주머니에 손을 넣는다
무언가를 감추고 싶을 때, 명백한 잘못에 대해 추궁을 당해 변명하고자 할 때 손바닥을 감추려는 경향이 있다고 한다. 때문에 손을 넣고 이야기면 상대에게 불안하거나 비밀스럽다는 인상을 줄 수 있다.

3. 얼굴을 만진다
눈, 코, 턱 등 얼굴을 손으로 만지는 것은 자신의 허약함을 감추려는 심리에서 비롯되는 제스처라고 한다. 때문에 방송에서 불필요하게 얼굴을 자주 만지면 상대의 집중력을 흐리는 것은 물론, 나약한 이미지를 줄 수 있다.

4. 고개를 끄덕인다

고개를 끄덕이는 것은 동조의 표시로 공감을 드러내기 좋은 제스처다. 하지만 다소 길게, 기계적인 느낌으로 고개를 끄덕인다면 오히려 상대의 말을 흘려듣는 인상을 준다. 형식적인 동조로, 나는 지금 다른 생각을 하고 있다는 것을 간접적으로 보여주는 것이다.

"본인이 갖고 싶은
목소리의 직업군을
찾는 것도
한 가지 방법이
될 수 있다."

CHAPTER 4

끌리는
목소리를 만들어라

당신은 이 무대의 주인공이다.
이 순간만큼은
당신이 최고라는 생각으로 즐겨라.

호흡하며
말해라

앞장의 내용을 통해 당신의 목소리에 대한 분석은 어느 정도 이뤄졌다. 그렇다면 이제부터 당신의 소리를 만들어보자. 이 책이 교과서적인 소리를 만들기 위한 내용을 담고 있지는 않다. 하지만 기본적인 본인 소리의 매력을 찾기 위해선 최소한의 소리를 내는 방법은 배워야 한다. 기본기가 만들어진 상태에서 본인의 개성과 매력을 찾아가야 한다.

우선 소리는 입을 통해 밖으로 나온다. 기본으로 좋은 소리가 나오려면 호흡이 중요하다. 발음, 말투, 억양 등 중요한 것이 많지만 이 모든 것들은 좋은 소리가 나온 뒤에 필요하다. 좋은 소리를 뱉기 위해 중요한 것은 호흡이다. 안정적인 호흡과 발성이 있을 때 편안하게 소리가 나온다. 순간적으로 불편함을 유지한 채 억지로 소리를 만들 수는 있지만 계속해서 말하기 위해서는 정확한 호흡을 해야 한다.

좋은 호흡은 무엇일까. 호흡에 전혀 부담이 없는 것이다. 더 쉽게 말해 내가 호흡하는 데 신경을 전혀 쓰지 않고 말하는 것이다. 의식하지 않으면서 좋은 목소리가 나와야 한다. 스스로 불편함이 없고 말하는 데 편안한 상태가 최고의 호흡 상태다. 흔히들 복식 호흡을 하라는 말을 많이 들었을 것이다. 복식 호흡이 무엇인가. 일반적으로 우리가 숨을 들이쉬면 가슴과 어깨가 올라간다. 하지만 복식 호흡을 하면 위쪽은 가만있고 배만 볼록 나온다. 즉 가슴이 아닌 배로 숨을 쉬는 것을 말한다. 궁금하다면 지금 바로 해봐라. 숨을 들이쉬면 배가 볼록 나올 것이다. 반대로 가슴으로 숨을 쉬면 몸 전체가 들썩인다.

왜 복식 호흡을 해야 하는가. 일단 이론적으로는 폐로 호흡하기 때문에 더 많은 공기를 들이 마신다. 그만큼 더 풍성하고 울림 있는 소리가 만들어진다. 또 목에 힘이 들어가지 않기 때문에 갈라짐이나 피로가 덜하다. 어깨가 들썩이지 않아 소리의 흔들림 없이 편안한 소리가 나온다. 이론상으론 그렇지만 이것을 말에 적용시키는 것은 쉽지 않다. 꾸준한 트레이닝이 필요한 것은 사실이다.

　배로 호흡하는 느낌을 알아야 한다. 앞에서 말했듯이 배로 숨을 마셨다 뱉는 것을 연습해라. 벽에 등을 붙이거나 바닥에 똑바로 누워서 하는 것도 좋은 방법이다. 상체가 흔들리지 않고 배만 움직여야 한다. 손을 배에 놓고 부풀어 오르는 것을 느껴라. 10번만 반복해도 힘들다는 느낌이 들 것이다. 조금 익숙해졌다면 소리를 넣어보자. 숨을 들이신 뒤 뱉을 때 "아"라고 소리를 내라. 5~7초 정도 길게 소리를 내라. 이때 역시 어깨는 움직이지 않고 배만 움직여야 한다. 소리를 내면 배가 조금씩 들어가는 것이 느껴질 것이다. 멀리 보낸다는 느낌으로 조금 더 길게 뱉어보자. 입은 최대한 크게 벌려라. 입이 열려야 소리가 더 멀리 전달된다. 마지막에는 숨이 멎는 느낌이 들 만큼 끝까지 뱉어라. 머리가 핑 도는 느낌이 들 것이다. 지극히 정상적인 상태다.

하루 연습한다고 소리가 변하지 않는다. 꾸준하게 운동을 해야 근육이 붙는 것처럼 꾸준하게 지속적으로 반복해야 한다. 계속해서 반복해라. 매일 조금씩 연습해라. 하루에 10분씩만 투자하자. 3개월만 꾸준히 해도 소리의 울림이 변하는 것을 느낄 것이다. 호흡이 바뀌면 소리의 질이 바뀐다.

"매일 꾸준하게 연습해라.
호흡이 바뀌면
소리의 질이 바뀐다."

가장 편안한 톤으로
말해라

발성 연습을 하면서 무엇을 느꼈는가. 그렇다. 일단 힘들다. 하지만 계속 하다보면 조금씩 편안해지는 것을 느낄 수 있다. 그렇다면 이제 당신에게 맞는 톤을 찾아보자. 복식호흡을 통해 소리를 낼 때 어떤 높이의 톤으로 소리를 냈는가. 높은 톤, 낮은 톤 여러 가지 톤으로 소리를 내보자. 가장 편안한 느낌의 톤이 있을 것이다. 소리의 울림이 느껴지면서 소리를 길게 뻗어도 부담이 덜한 소리. 아마도 무의식중에 당신이 내고 있던 소리의 톤일 것이다. 일반적으로는 음악의 '솔' 높이를 맞추라는 이야기도 있지만 개개인이 각자 다르기에 정확한 음을 정할 수는 없다. 스스로 여러 높이의 소리를 내보면 느껴질 것이다. 연습할 때는 가급적 다양한 톤의 소리로 해보는 것이 좋다. 실제 말할 때도 한 톤으로만 말하지 않기 때문에 다양한 톤을 연습해두면 스피치할 때 굉장히 많은 도움이 된다.

간혹 톤을 소리의 크기와 혼동하는 경우가 있는데 분명하게 다르다. 소리가 커질 때 톤의 변화가 있을 순 있지만 기본적으로는 톤은 소리의 높낮이를 말한다. 음정 정도라고 생각하는 게 이해가 쉬울 것이다. 나와 어울리지 않는 톤으로 말을 하면 소리도 불편하고 전달력도 떨어진다. 평소 친구와 얘기하는 목소리 정도의 톤으로 앞서 배운 발성법을 적용시키면 된다. 그러면 힘 있고 울림 있으면서도 편안하게 들릴 수 있는 목소리 톤을 가질 수 있다.
깔끔하고 정직한 리뷰로 인기를 끌고 있는 유튜버 '용호수'는 담백하면서도 매력적인 톤으로 시청자의 귀를 휘어잡는다. 어려운 내용의 이야기도 그가 하면 듣고 싶어질 만큼 섹시한 톤의 소리를 가지고 있다. 묘한 중독성이 느껴지는 그의 소리는 계속해서 방송에 집중하게 만든다.

유튜버 용호수
영상 제작자 및 프로듀서로 유튜브 채널을 운영하고 있다.

1인 미디어 방송의 경우 때에 따라서 톤의 변화가 급격하게 필요할 수 있다. 재미를 중심으로 하는 방송은 더욱이 그런 톤이 많이 필요할 것이다. 하지만 이 역시 내가 가진 기본적인 톤 안에서 움직여야 한다. 계속해서 맞지 않는 톤으로 이야기를 이어 나갈 수는 없다. 또한 꾸준하게 연습해서 울림 있는 소리를 가지게 되면 순간적으로 톤이 변화해도 안정적인 소리를 전달할 수 있다. 편안한 톤으로 이야기하되 정확한 호흡을 해야 한다.

안정적인 톤을 찾았다면 그 톤으로 계속해서 연습을 이어나가자. 톤의 안정화가 되었을 때 내 목소리의 매력을 최대로 끌어낼 수 있다. 필자도 꾸준한 발성 연습을 통해 톤을 찾고 소리에 적용시켰다. 실제로 오랜만에 만난 친구들이 목소리를 듣고 목소리가 전보다 많이 낮아졌다는 이야기를 많이 했다. 전혀 다른 톤을 만들 순 없지만 노력을 통해 일정 부분 다듬는 것은 가능하다.

"꾸준함의 힘을 믿어라."

스피치 페이스를 자유자재로 연습하자

스피치 페이스는 말하는 속도를 말한다. 말에 있어서 속도는 감정 표현과 밀접한 관계가 있는데, 스피치 페이스는 기본적으로 호흡으로 조절되기 때문이다.

녹음을 통해 자신의 스피치 속도를 계산해보고, 천천히 또는 빠르게 같은 문장을 녹음해 들어보면서 자신만의 페이스를 찾는 것이 중요하다.

또 상황과 감각에 맞게 스피치 페이스를 조절하는 연습을 해두면 좋다. 상대에게 신뢰를 줘야 하는 충고나 동기부여의 말을 할 때는 평소보다 스피치 페이스를 느리게 조절하고, 유머나 중계같이 흥분된 상황에서는 스피치 페이스를 빠르게 끌어올리는 것이 좋다.

하지만 이런 조절이 어려운 단계에서는 기본적으로 천천히 말하고 정확히 내용을 전달하는 것에 집중하는 것이 좋다.

단 한마디도
정확하게

호흡의 안정이 잡혔다면 그다음 중요한 것은 내용 전달이다. 말하고자 하는 정보를 틀리지 않고 전달해야 한다. 그러기 위해선 정확한 발음이 중요하다. 최근 많은 화제를 끌었던 〈show me the money〉, 〈고등래퍼〉 같은 프로그램을 본 적 있는가. 필자 역시 '힙알못'이지만 흥미롭게 시청했다. 화려한 래퍼들의 무대 위 모습을 보면서 멋지다는 생각을 했다. 직접 자신들의 이야기를 가사로 적어서 비트에 얹는다. 그런데 가끔은 그들이 뭐라고 하는지 잘 들리지 않을 때가 있다. 아래 가사 자막을 보지 않으면 내용 이해를 할 수 없다. 뭉개지는 발음이 매력적으로 들릴 때도 있지만 계속해서 못 알아듣는다면 노래에 집중을 할 수 없다. 그들 표현으로 '딜리버리'가 좋지 않다고 말한다.

위 이야기는 래퍼들에게 한정된 이야기가 아니다. 좋은 소리를 만들기 위해 노력하는 당신에게도 매우 중요한 이야기다. 아무리 좋은 울림과 호흡을 가지고 있어도 내용 전달이 되지 않는다면 의미 없는 동물의 울음소리와 다를 바가 없다. 전달력이 좋으면 듣는 사람의 집중력이 올라간다. 특히 작은 스마트폰으로 보는 상황이 많은 1인 미디어 콘텐츠의 경우 특히 소리의 전달력이 매우 중요하다.

일단 앞서 당신의 소리를 파악하면서 발음 역시 확인했을 것이다. 당신이 부족한 발음이 무엇이고 틀리는 발음이 무엇인지 알아야 한다. 필자의 경우도 이중모음에서 약점을 드러냈고 실제 말할 때 전달력이 떨어지는 것을 경험했다. 사실 단어를 하나씩 발음했을 때는 특별히 문제가 드러나지 않을 수 있다. 하지만 연결해서 문장으로 읽을 때 발음이 틀리는 경우가 많다. 즉 각각 발음을 연습하고 이어서 문장에서 적용시켜보는 훈련이 필요하다. 아래 발음 연습용 표를 활용해보자. 한 글자씩 탁탁 끊어서 복식호흡을 하며 읽어보자.

입은 최대한 크게 벌리고 읽어야 한다. 대부분의 발음이 좋지 않은 사람들을 보면 우물쭈물한다는 느낌을 준다. 입을 크게 벌리고 또박또박 발음하는 연습을 하자. 혀가 짧은 사람들은 발음이 좋지 않은 경우가 유독 많다. 특히나 발음에 더 많은 신경을 써야 한다. 혀 짧은 소리로 발음을 하면 신뢰감이 떨어지고 전문

[발음연습용 표]

가	갸	거	겨	고	교	구	규	그	기	과	괴	귀	궈
나	냐	너	녀	노	뇨	누	뉴	느	니	놔	뇌	뉘	눠
다	댜	더	뎌	도	됴	두	듀	드	디	돠	되	뒤	둬
라	랴	러	려	로	료	루	류	르	리	롸	뢰	뤼	뤄
마	먀	머	며	모	묘	무	뮤	므	미	뫄	뫼	뮈	뭐
바	뱌	버	벼	보	뵤	부	뷰	브	비	봐	뵈	뷔	붜
사	샤	서	셔	소	쇼	수	슈	스	시	솨	쇠	쉬	숴
아	야	어	여	오	요	우	유	으	이	와	외	위	워
자	쟈	저	져	조	죠	주	쥬	즈	지	좌	죄	쥐	줘
차	챠	처	쳐	초	쵸	추	츄	츠	치	촤	최	취	춰
카	캬	커	켜	코	쿄	쿠	큐	크	키	콰	쾨	퀴	쿼
타	탸	터	텨	토	툐	투	튜	트	티	톼	퇴	튀	퉈
파	퍄	퍼	펴	포	표	푸	퓨	프	피	퐈	푀	퓌	풔
하	햐	허	혀	호	효	후	휴	흐	히	화	회	휘	훠

성이 낮아 보인다. 때로는 우스워 보일 수도 있다. 의도적으로 귀여운 이미지를 위해 혀 짧은 소리를 낼 수는 있지만 지속되면 듣는 사람이 불편하고 지루해진다.

다음 문장을 읽어보자. 혹은 발음이 잘 되지 않았던 문장을 읽어봐라. 처음에는 하나씩 나눠서 천천히 읽어보자. 단어 하나씩 따로따로 읽어라. 여러 번 반복하면 틀리지 않고 읽을 수 있을 것이다. 이번에는 연결해서 읽어보자. 한 번에 연결이 어렵다면 덩어리를 나눠서 읽어보자. 몇 번 반복하면 자연스럽게 읽을 수 있을 것이다. 같은 내용도 길어지면 틀릴 수 있다. 문장의 양을 늘려가면서 연습하자. 빠르게 말하는 것보다 정확하게 말하는데 중점을 두고 연습해야 한다. 정확하게 말하는 것이 가능해지면 자연스럽게 속도도 올라간다. 아래 문장을 통해 더 많은 문장을 연습해보자.

[연습문장]

오늘의 주례를 맡아주실 홍길동 선생님께서는 한국관광토지공단에서 24년간 역임하셨습니다. 그 외에 정원대관광산업 협회장을 하셨고 최근에는 무주리조트관광산업 본부장으로 새롭게 부임하셨습니다.

들의 콩깍지는 간 콩깍지인가 안간 콩깍지인가.
깐 콩깍지면 어떻고 안 깐 콩깍지면 어떠냐,
깐 콩깍지나 안 깐 콩깍지나 콩깍지는 다 콩깍지인데

중앙청 창살은 쌍창살이고, 시청의 창살은 외창살이다.

김서방네 지붕위 콩깍지가 간 콩깍지냐 안깐 콩깍지냐?

강 건너 강 공장장은 간장 공장 공장장이고 강 안건너 공 공장장
은 된장 공장 공장장이다.

라디오는 랄라라라 노래하고, 나는 랄라라라 춤을 춰요.

박박사 뿔물뿌리는 소뿔물뿌리고,
곽박사 뿔물뿌리는 양뿔물뿌리다.

도토리가 문을 도로록, 드르륵, 두루룩 열었는가?
드로록, 도루륵, 두루룩 열었는가?

한국관광공사 곽진광 관광과장

시골 찹쌀 햇찹쌀 도시 찹쌀 촌찹쌀

고려고 교복은 고급교복이고
고려고 교복은 고급원단을 사용했다.

경찰청 청창살이 쇠철창살이냐 철철창살이냐

속도가
생명이다

　행사 경험이 몇 번 되지 않았을 때였다. 무대 위가 재밌어지기 시작했다. 조금씩 자신감도 붙으면서 스스로에게 만족감도 느껴졌다. 여느 때처럼 행사가 끝난 뒤 행사했던 영상을 틀어서 보고 있는데 옆에서 어머니께서 갑자기 한마디 하셨다. "너무 빨라, 누가 쫓아오는 거 같애…" 괜히 지적받으니 심술이 나서 아닌 척 방으로 들어갔다. 방에서 다시 한 번 영상을 돌려봤다. '아니 이게 뭐지, 진짜 누가 쫓아오는 것처럼 급하게 말하고 있잖아.' 말이 빠르다는 이야기를 간간이 듣긴 했지만 크게 문제가 될 것이라고 생각했던 적이 없었기에 당황스러웠다. 그동안 했던 모든 말들이 빨랐던 건 아닌가 고민되기 시작했다.

말이 빠르면 안 좋은 걸까? 무조건 안 좋다고 할 수도 없다. 그렇다고 좋다고만 할 수도 없다. 말의 목적이나 콘텐츠의 장르에 따라 다르다. 하지만 누군가 들었을 때 조급하다는 느낌이 든다면 그것은 분명 잘못된 것이다. 래퍼처럼 말이 빠르면서도 정확하게 전달해야 하는 상황도 있지만 대부분의 경우 일정 수준을 넘는 속도는 말의 전달력을 해친다.

말의 속도는 주관적이다. 정확히 수치로 표현할 수는 없다. 설령 같은 속도라도 누가 말하냐에 따라 더 빠르게 느끼기도, 느리게 느껴지기도 한다. 그만큼 애매한 것이 말의 속도다. 그래서 어느 정도 속도가 좋으냐는 질문에 "내가 생각한 것보다 약간 느리게"라는 답변이 정확할 것 같다.

평소에는 말이 빠르지 않다가도 무대에 설 때, 발표할 때가 되면 긴장감에 나도 모르게 빨라지는 경험을 다들 한 번씩은 해봤을 것이다. 말이 빨라지는 것은 자연스러운 현상이다. 긴장을 하게 되면 자연스럽게 호흡이 가빠진다. 앞에서 배웠던 복식 호흡이 사라진다. 쉬면 외운 것을 잊어버릴까 봐 쉬는 구간 없이 계속 이야기한다. 말하다 보면 더욱 빨라진다. 어느새 끝날 때쯤 나는 랩을 하고 있다.

그럼 어떻게 하면 적당한 속도를 유지할 수 있을까. 글쎄 이것만큼은 특별한 훈련법이 없다. 굳이 방법을 들자면 자주 그 상황에 접하는 방법 밖에 없다. 다시 말해 더 많은 무대에 서야 하는 것이다. 우리가 친구들과 이야기할 때 무대보다 말의 속도가 느린 건 심적으로 긴장감이 덜하기 때문이다. 따라서 자주 무대에 설수록 긴장감도 줄어든다. 여유를 찾게 되고 호흡도 안정이 된다. 자연스럽게 말의 속도도 조절된다.

말하는 중에도 의도적으로 쉬는 구간을 가져라. 속도가 빨라지다가도 다시 안정을 찾을 수 있다. 질문을 한 뒤에는 어색하더라도 무리해서 기다려라. 미리 준비된 원고가 있다면 쉬어야 할 구간을 미리 체크해라. 항상 머릿속에는 앞에 사람이 있다고 생각하고 말해라. 카메라를 보면서도 사람이라고 스스로 주문을 외워라.

BJ임다
화려한 입담의 소유자로 '브금의 마술사'라고 불릴 만큼
방송 BGM을 잘 활용한다.

1인 미디어 콘텐츠 중 말을 의도적으로 빨리하는 콘텐츠도 많다. 재미를 위해서 말의 속도를 주는 경우도 있다. 아재개그 1인자로 유명한 BJ 임다의 방송을 보면 속도 조절을 효과적으로 활용한다. 말의 속도를 올렸다 늦추면서 긴장감을 최대로 끌어올린다. 중요한 말을 하기 직전 잠시 멈추면서 시청자들의 궁금증을 증폭시킨다. 후루룩 내뱉듯이 빠르게 지나가면서도 중요한 부

분에서는 정확하게 말하고 두 번, 세 번 말하면서 강조한다. 전문 MC 출신으로 방송에서도 이런 능력을 십분 발휘한다. 하지만 느리게 말할 수 있어야 빠르게도 할 수 있다. 말에 끌려가지 마라. 당신이 말을 주도해라. 자유자재로 속도 조절이 가능하면 당신의 스피치가 한층 더 여유 있게 느껴질 것이다.

"말에 끌려가지 마라.
당신이 말을 주도해라."

소리에도
리듬이 있다

최근 좋은 기회가 생겨서 강의를 들으러 갔다. 훤칠한 외모에 성공한 어느 젊은 벤처 사업가의 강의였다. 강의 내용도 알차고 말의 속도도 좋았다. 하지만 시간이 갈수록 지루하다는 느낌을 받았다. 매 순간을 똑같은 속도와 톤으로 말을 이어갔다. 안정감 있다는 느낌은 들었지만 말의 강약이 없어 졸음이 몰려왔다.

모든 노래는 전주가 있다. 또한 클라이맥스가 존재한다. 초반에는 천천히 음을 끌어올리다 뒤쪽에서 메인 멜로디를 들려준다. 확실한 강약이 존재한다. 노래에 따라서 시작부터 클라이 맥스가 나오는 경우도 있지만 이후에 바로 다시 내려간다. 만약 계속해서 고음만 지르는 노래라면 어떻겠는가. 아마 몇 초 듣지 못하고 귀를 막게 될지 모른다. 소리 역시 똑같다. 일정한 리듬이 존재한다. 노래처럼 극단적인 강약까진 아니지만 문장 하나, 단어 하나에도 강약의 리듬이 있다. 이것을 잘 살려주는 것이 소리의 맛을 만들어낸다.

스포츠 경기를 좋아하는가. 필자는 축구를 좋아해 해외 축구경기 시청을 즐겨 한다. 스포츠 경기를 볼 때 빠질 수 없는 것이 중계다. 캐스터와 해설위원의 박진감 넘치는 해설이 경기의 재미를 배가 시킨다. 하지만 그들이 경기 내내 소리를 지르고 고함을 지르지 않는다.

축구 경기를 예로 들어보자. 공이 경기장 중앙 쪽에 위치하거나 안전 지역에 있을 때는 중계진도 큰 목소리로 말하지 않는다. 조곤조곤 대화를 나누면서 경기 상황 외적인 부분에 대해서도 이야기를 나눈다. 공이 중앙선을 지나 공격하는 팀이 골문에 가까워지면 조금씩 캐스터의 목소리가 격양되기 시작한다. 슈팅이 이뤄지고 골이 들어가면 절정에 이르게 된다. 세상 떠나갈 듯한 목소리로 골을 외친다. 세리머니가 끝난 뒤 다시 본래의 소리로 돌아온다.

야구는 어떨까. 타석에 타자가 들어선다. 타자의 이름과 간단한 정보를 말해준다. 이때까진 크게 소리에 힘이 들어 있지 않다. 투수가 공을 던지고 타자가 공을 치자 캐스터의 목소리가 높아진다. 공이 높게 떠서 담장 근처로 날아간다. 중계진의 목소리는 빨

스포츠 편파중계 소대수 케스터 방송 게스트 출연 당시

라지고 점점 격양되어 간다. 담장을 넘어 홈런이 되자 절정에 이른다.

위 상황을 보면서 무엇을 느꼈는가. 그렇다. 소리의 리듬이다. 강약 조절의 중요성이다. 가장 다이내믹한 상황이 많이 발생하는 스포츠 중계에서조차 '강'과 '약'은 확실하게 존재한다. '약'이 있어야 홈런이 되었을 때 '강'이 더욱 크게 들린다. 말에서도 똑같다. 계속 같은 톤의 목소리만 있다면 지루할 것이다. 그것이 높든 낮든 듣는 사람은 지겨워한다. 때론 중앙선에 있을 때처럼, 때론 골이 들어갔을 때처럼 당신의 목소리의 리듬을 주어야 한다.

최근에는 1인 미디어를 통해 스포츠 중계를 하는 크리에이터들도 많이 있다. 사이다 중계로 많은 인기를 끌고 있는 '감스트'

의 방송을 보면 일반 공중파 중계보다 더 재밌는 경우가 많다. 그만의 소리 리듬이 확실하기 때문이다.

많은 마니아층을 보유하고 있는 '소대수 캐스터'의 경우 차분하고 깔끔한 진행을 중시하지만 중요한 순간이 발생했을 땐 확실한 샤우팅을 들려준다. 평소에 차분한 톤에서 갑작스럽게 올라가는 리듬이 시청자들을 더 즐겁게 만든다.

스포츠 중계만큼 다이내믹한 리듬까진 아니더라도 중요한 부분과 그렇지 않은 부분, 시작과 끝의 강약은 분명하게 필요하다.

리듬을 주는 방법은 간단하다. 가장 쉬운 방법은 문장의 중요한 부분을 크게 말하는 것이다. 톤을 올리거나 소리를 키워서 집중력을 끌어내는 방법이다. 평소 친구들과 이야기할 때도 중요한 내용을 말할 때면 감정이 격해진다. 소리가 올라가고 톤도 바뀌게 된다. 같은 방법이다. 방송을 진행할 때 시청자에게 돋보이고 싶은 구간, 전달하고 싶은 부분에 힘을 주어 말하면 강조가 된다.

반대로 약하게 말하는 것도 하나의 방법이다. 계속해서 크게 말하다 갑작스럽게 소리를 낮추면 오히려 집중을 하게 된다. 청중의 귀를 기울이게 만들 수 있다. 강조하고 싶은 내용이나 콘텐츠의 형태에 따라 강하게 할지 약하게 할지를 정하면 된다. 연습 방법은 간단하다. 아래 문장을 읽어보자.

[연습문장]

반갑습니다. 바쁘신 중에 참석해주신 모든 분들, 양가를 대신해서 감사의 말씀드립니다. 지금부터 신랑 홍길동 군과 신부 춘향이 양의 결혼식을 시작하겠습니다. 여러분! 뜨거운 박수 부탁드립니다.

위 문장을 읽으면서 어느 부분에 강조를 했는가. 강조의 위치는 본인이 선택하면 된다. 필자의 경우 신랑과 신부의 이름에 강조를 했다. 그리고 마지막 박수 유도 부분에서 힘을 주어 시작을 알렸다. 이런 짧은 문장에도 강약이 존재한다. 하물며 당신이 방송할 영상에는 얼마나 많은 강약 지점이 존재하겠는가. 조금 더 욕심을 낸다면 소리의 강도에 속도 조절까지 한다면 금상첨화다. 중요한 부분에서는 조금 느리게 혹은 조금 빠르게 말하면서 집중력을 끌어올린다. 당신만의 리듬을 만들어라. 자신만의 리듬이 생기면 스피치에 생명력이 생긴다. 당신만의 리듬을 만들어라.

[연습문장]

오래 기다리셨죠? 하얀 눈이 세상을 덮은 오늘, 빛나는 이 자리 함께 해주셔서 감사합니다.

지금부터 2018 빛나는MC 연말 시상식을 시작하겠습니다. 뜨거운 박수 부탁드립니다.

안녕하세요? "세계는 지금"의 OOO입니다. 설 명절 잘 보내셨습니까? 세계 각국의 동포들도 설을 맞아 함께 모여 향수를 달래고 정을 나누는 시간을 가졌는데요. 베를린에서는 현지 대학생들이 동포들과 설 체험행사를 함께했습니다. 학생들의 설맞이 표정을 "세계는 지금"에서 소개합니다.

안녕하세요. 오늘 정말 많은 분들이 와주셨습니다. 다시 한 번 진심을 감사의 말씀드리구요. 오늘 여러분들께 말씀드릴 이야기는 돈 버는 방법에 관련된 이야기입니다. 벌써부터 심장이 두근거리시죠? 지금부터 부자되는 가장 쉬운 방법에 대해 설명드릴게요.

타석에는 버나디나
5구 끌어당겼습니다.
높게 뜹니다. 그대로 그대로 담장~ 넘어갑니다.
경기를 뒤집는 투런포! 스코어는 3-2!
기아타이거즈 다시 앞서갑니다!

토요일 3,4부! 이 시간은요, 우리가 평소에 궁금했던 가수에 대해
속속들이 파헤쳐 보는 시간입니다. 오늘 소개해드릴 가수는요. 이
제는 대한민국을 넘어 전 세계를 휘어잡고 있죠. 바로 7인조 보이
그룹 방탄소년단입니다.

"문장 하나,
단어 하나의 강약이
소리의 맛을
만들어낸다."

중요할 땐
쉬어라

속도만큼 중요한 것이 쉬는 구간, 포즈(pause)다. 쉬는 구간이다. 사람의 집중력에는 분명히 한계가 있고 아무리 좋은 내용 콘텐츠도 보고 있자면 집중력이 떨어지기 마련이다. 그럴 때마다 진행자는 청중들을 집중시키기 위해 다양한 방법을 쓴다. 박수를 치기도 하고 때론 큰 소리로 말하기도 한다. 좋은 방법이다. 하지만 매번 그렇게 할 수는 없다. 오히려 청중에게 피곤함을 느끼게 할 수 있다. 오히려 잠깐 쉬는 것이 집중력을 증대시킨다. 근데 쉰다는 것이 말처럼 쉽지 않다. 아니 오히려 우리는 겁을 낸다. 말이 끊기면 불안하다는 느낌을 받는다. 그래서 말이 끊기지 않게 계속해서 이어나간다. 그래야 말을 더 잘해 보인다고 생각한다.

발표를 하다 갑자기 말을 멈춰 본 적이 있는가. 5초만 멈춰봐라. 갑자기 사람들이 핸드폰을 보다가도 고개를 들 것이다. 무슨일인가 싶어서 다들 진행자를 바라볼 것이다. 방송에서도 다르지 않다. 무언가 이야기를 하다 잠시 말이 없으면 시청자들은 오히려 집중을 하게 된다. 집중의 이유에는 불안감도 있고 궁금증도 있을 것이다. 중요한 것은 주목이 되는 것이다. 주목시킨 뒤에 중요한 이야기 없으면 오히려 역효과를 만들 수도 있다. 그래서 정말 중요하고 강조해야 되는 부분에서 쉬어라. 집중도가 최고조에 이를 것이다. 말을 잘하는 사람은 이 지점을 잘 포착한다. 내 이야기 중 가장 중요한 부분에서 쉰다. 내 방송에서 가장 중요한 부분에서 쉰다. 요즘 말로 '밀당' 정도가 되겠다.

예를 들어보자.

"60초 뒤에 공개됩니다."

많이 들어봤을 것이다. 그렇다. 오디션 프로그램에서 중요한 발표를 앞두고 갑작스럽게 광고가 나온다. 물론 이 경우에는 때에 따라 역효과가 날 때도 있지만 시청자들의 집중도를 높이는데는 분명 큰 역할을 한다. 연말에 시상식을 본 적이 있을 것이다. 대상 발표를 앞두고 음악이 나오다 갑자기 정적이 흐른다. 시상자는 약간의 뜸을 들인 뒤 큰소리로 외친다.

"대상! 김민철!"

폭죽과 음악이 터지면서 박수가 나온다. 극한의 긴장감을 조성한 뒤 발표를 한다. 왜 그럴까. 이유는 하나다. 중요한 부분의 집중도를 올리기 위해서다.

말을 할 때도 똑같다. 모든 문장에도 쉬는 구간은 조금씩 녹아 있다. 말의 중요도에 따라 쉬는 정도와 시간의 차이일 뿐, 포즈는 필요하다. 얼마나 적재적소에 잘 쉬느냐가 중요하다. 당신의 방송에 임팩트를 준다.

그렇다면 문장에서 포즈를 어떤 식으로 적용하는지 알아보자. 아래 문장을 포즈를 적용해서 읽어보자. 어느 부분에서 쉬는지는 본인이 강조하고 싶은 부분에 맞춰서 정할 수 있다.

[연습문장]

다음은 "올해의 MC상" 부문입니다. "올해의 MC상"은 지난 한 해 동안 가장 왕성한 활동을 보여준 MC에게 주는 상입니다. 많은 활동을 한 만큼 누구보다 많은 성장을 이룬 한 해일 것 같은데요. 그럼 지금부터 발표해보겠습니다. 2018빛나는MC "올해의 MC상" 수상자는 김민철! 축하드립니다!

위 문장은 시상식에서 많이 볼 수 있는 상황이다. 여기서 가장 중요한 부분은 수상자 이름이다. 수상자가 이름이 호명되기 전까지 기대감을 한껏 끌어올리고 난 뒤 이름을 발표하면서 박수와

축하를 받게 만든다. 호명한 뒤에는 소리를 높이면서 속도를 약간 올려서 말한다. 누가 나올지 기대하고 있던 시청자들의 궁금증을 한방에 날려주는 것이다.

포즈를 두기란 쉽지 않다. 숙련된 스피커들만이 구사할 수 있다. 하지만 어려운 것도 아니다. 잠시 참으면 된다. 어색함을 이겨낼 때 당신의 말에는 한층 힘이 실린다.

[연습문장]

다음은 "올해의 MC상" 부문입니다. "올해의 MC상"은 지난 한 해동안 가장 왕~성한(강조) 활동을 보여준 MC에게 주는 상입니다. 많은 활동을 한 만큼 누구보다 많은 성장을 이룬 한 해일 것 같은데요. 그럼 지금부터(비장하게) 발표해보겠습니다. 2018빛나는 MC(쉬고) "올해의MC상"(쉬고) 수상자는(3초 쉬고) 김민철!(큰소리로, 끊어 읽으면서) 축하드립니다!(박수 유도)

"때로는 침묵이
강력한 표현이 된다."

긴장은
조절할 수 있다

무대 앞에 서서 머리가 하얘진 적이 있는가. 필자는 매우 많이 경험했다. 목소리가 떨리고 외웠던 내용이 기억이 나질 않는다. 수백 명의 눈이 나를 쳐다보고 있고 등에는 식은땀이 흐른다. 입은 말하고 있는데 내가 무슨 말을 하고 있는지 스스로도 모른다. 긴장했기 때문이다.

긴장하는 것은 좋지 않은 것일까? 우선은 좋지 않다. 기본적으로 소리에 좋지 않은 영향을 미친다. 긴장감으로 인해 몸에 힘이 들어가고 이는 소리의 떨림을 만든다. 좋은 소리가 나오는 것을 방해한다.

이론적으론 그렇지만 긴장이 때로는 말하는 데 도움을 준다. 아니 오히려 적당한 긴장은 필요하다. 개인 차는 있겠지만 우리가 집에서 공부할 때보다 독서실이나 학원에서 더 공부가 잘될 때가 있다. 집과는 달리 학원이나 독서실은 다른 사람이 존재한다. 이는 무의식중에 약간의 긴장감을 만든다. 이런 점이 오히려 집중력을 높여준다. 적당한 수준의 긴장, 아니 더 정확히 말해 50%의 긴장은 실수할 확률도 줄어들고 말의 진정성도 느껴진다.

긴장을 줄이는 방법은 무엇일까. 처음 무대에 오르면 긴장이 풀리고 떨림이 사라지는 데 오랜 시간이 걸린다. 어쩌면 1시간 내내 긴장된 상태로 말할지도 모른다. 자꾸 무대에 서고 카메라 앞에 서다 보면 이런 떨림의 시간이 줄어든다. 어느 순간, 첫마디를 내뱉는 순간부터 모든 긴장이 사라진다. 무대와 친해져야 한다. 기회가 된다면 한 번이라도 더 많은 무대에 서기 위해 노력해라. 발표의 기회가 있다면 놓치지 말고 항상 잡아라. 방송을 준비하고 있다면 자주 카메라 앞에 노출되는 것이 중요하다. 평소 카메라와 친해져야 한다. 방송이 아닌 평소에 스마트폰 셀카를 작동시켜 놓고 생활하는 것도 방법이다. 녹화가 아니더라도 카메라와 아이컨택하고 카메라에 비친 나의 모습, 내 목소리를 계속해서 확인해라. 카메라 속의 내 모습이 편해질 때까지 계속 노출해라. 그리고 무엇보다 가장 좋은 방법은 스스로에게 최면을 걸어라. 난 이 무대의 주인공이고 이 방송의 진행자다. 잘할 수 있고 이 순간만큼은 내가 최고라는 생각을 해라. "즐기자, 난 잘 할꺼야"라고 스스로 주문을 걸어라.

심호흡을 하는 것 역시 좋은 방법이다. 필자는 떨림이 멈추지 않을 때 크게 심호흡을 한다. 무리해서 말을 이어 나가기보다 잠시 쉬는 시간을 갖는다. 3초~5초 정도 말을 하지 않고 기다린다. 무대는 조용해지고 청중들은 오히려 집중을 한다. 박수를 유도하는 것도 하나의 방법이 될 수 있다. 긴장을 했다고 말하고 박수를 달라고 요청한다. 숨기기보다 당당하게 말함으로써 긴장을 풀 수 있다.

처음은 긴장된다. 두 번째는 조금 덜 긴장된다. 세 번째는 그보다 덜하다. 그렇게 10번을 반복하면 긴장은 거의 사라진다. 반복해서 상황을 경험하자. 10번을 경험하면 긴장도 조절할 수 있다. 경험 앞에 장사 없다.

무대 울렁증 체크리스트

혹시 내가 무대 울렁증은 아닐까?
다음 항목을 보고 해당 사항에 체크해보자.

☐ 발표를 할 생각을 하면 손에 땀이 난다.

☐ 무대에 올라가면 심장이 급하게 뛴다.

☐ 청중들 앞에 서면 머리가 하얘진다.

☐ 대중 앞에서 말할 때 목소리가 상대방이 느낄 정도로 심하게 떨린다.

☐ 시선을 어디에 두어야 할지 모르겠다.

☐ 많은 사람들이 모인 곳에서 지목 당하는 것이 두렵다.

▶ 항목 중에 4개 이상 해당 된다면 당신은 무대 울렁증일 확률이 높다.

하지만 무대 울렁증이라고 해서 너무 걱정하지 말자. 지금은 국민 MC가 된 유재석 또한 심한 무대 울렁증이 있었다고 고백한 바 있다.

"무대 아래에서는 훨훨 날았는데, 방송만 들어가면 얼음이 됐다."

유재석은 당시 심각한 울렁증에 방송을 관두려고 했다고 하니 그 스트레스가 얼마나 심했는지 짐작할 수 있다. 하지만 끊임없는 노력과 자신을 믿어준 주위 사람들의 격려로 방송을 다시 시작할 수 있었다.

지금 자신의 상태를 확인하고, 그에 맞는 연습 계획을 수립하면 된다. 꾸준한 연습과 노력만 있다면 무대 울렁증은 극복할 수 있다.

목도
휴식이 필요하다

　기계도 오래되면 고장이 난다. 오래 사용하면 녹이 슬고 자주 쓰면 고장이 난다. 우리의 목도 마찬가지다. 목도 많이 사용하면 고장이 난다. 가끔 중고등학교 진로 강의를 나가면 하루 6시간 정도 강의를 한다. 학교 강의는 마이크가 없는 경우가 대부분이다. 또한 사춘기 학생들인 만큼 주의가 산만하고 수업시간에 떠드는 친구들도 많다. 자연스럽게 목소리가 높아지고 목에 무리가 간다. 야외 행사를 할 때는 마이크가 있어도 잘 들리지 않을 때가 있다. 사람이 많고 뚫려있는 공간은 특히 더 그렇다. 더 큰 소리로 말하게 되고 더 높은 톤을 사용하게 된다. 이 역시 목에 많은 무리가 간다.

말을 하는 직업 특성상 목에 전혀 무리가 가지 않는 것은 불가능하다. 대신 얼마만큼 관리를 잘 해주냐에 따라 목의 수명을 늘릴 수 있고 말을 할 때 부담이 덜 갈 수 있다.

우선 가장 좋은 것은 물을 많이 먹는 것이다. 필자는 가급적 자주 수분 섭취를 한다. 항상 물을 들고 다니면서 자주 먹고 기회가 될 때마다 목을 적셔 주는 것이 좋다. 말을 하기 전 목을 풀어 주는 것도 중요하다. 허밍이나 발성 연습을 통해서 충분히 목을 열어주면 목에 부담이 덜 간다. 자동차도 시동을 미리 걸어주는 것처럼 목도 미리 충분히 풀어줄 필요가 있다. 충분한 숙면도 중요하다. 잠을 충분히 자지 않으면 말이 꼬이고 목 상태도 건강하게 유지할 수 없다. 항상 일정 수준 이상의 충분한 수면을 통해 최상의 컨디션을 유지해야 한다. 마지막으로 말을 하지 않는 것 역시 하나의 방법이다. 방송을 진행하거나 무대에 섰을 때는 최선을 다해 말을 해야겠지만 그렇지 않은 시간에는 충분하게 쉬어준다. 1시간을 말했다면 최소한 10분은 확실하게 쉬어줘라. 좋은 목소리는 좋은 컨디션이 갖춰졌을 때 나온다.

1인 미디어도 방송이다. 시청자를 위해 항상 최고의 상태를 유지하기 위해 노력하자. 누군가는 당신의 목소리를 기다리고 있다.

잊지 마라.
누군가는 당신의 목소리를 기다리고 있다.

건강한 목소리를 위한 3요소

1. 물

목에 가장 좋은 건 물이다. 최대한 자주 물을 마시는 습관을 가지도록 하자. 목이 촉촉하고 성대가 건조하지 않기 위해서는 습관적으로 수분을 계속해서 보충해주어야 한다. 필자 역시 항상 물통을 가급적 가지고 다니기 위해 노력하고 강의나 방송 중간중간 계속해서 물을 마셔 수분을 보충한다. 물론 그 때문에 화장실을 자주 가는 건 어쩔 수 없는 현상이다.

2. 잠

목도 휴식이 필요하다. 충분한 수면은 목 관리에 굉장히 중요한 요소다. 잠을 충분히 자지 못한 상태에서 말을 하면 소리도 안 좋을뿐더러 말도 꼬이게 된다. 가급적 중요한 발표나 방송을 앞두고 있다면 충분히 잠을 자는 것을 권장한다.

3. 준비운동

갑자기 말을 하게 되면 목도 놀라게 된다. 운동도 준비운동이 필요하듯 목도 사전 예열을 거쳐야 한다. 미리 허밍이나 발성 연습을 통해 목을 풀어주는 습관을 들이자. 최상의 컨디션을 유지하자.

CHAPTER 5
맛깔나게
말하기

평소의 생각과 마음가짐이
당신의 말과 자세가 된다.
그리고 그것이 당신의 매력을 좌우한다.

오프닝만 잘해도
절반은 성공이다

"님들 반갑습니다. 오늘 먹을 것은…"

"안녕하세요 디바제시카에요! 여러분 300문장만 외우면 초보 영어회화 완벽하게 정복할 수 있습니다. 지금부터 0일차 시작합니다."

"안녕하세요 여러분 씐님입니다!(손가락 브이)"

"한 주간 대한민국 국민 여러분의 심장을 뛰게 한 가장 핫한 뉴스만을 골라 아무도 이야기하지 않는 뉴스의 뒷이야기를 털겠습니다. 하드코어 뉴스 깨기 시간 '썰전'입니다."

"누구에게나 가장 아름답고 찬란한, 때론 힘들고 외로운 시기인 20대. 당신의 20대가 궁금합니다. '당신의 이십대' 지금부터 시작합니다."

위 멘트의 공통점은 무엇인가. 그렇다. 보통 프로그램의 시작을 알리는 오프닝 멘트다. 각자 프로그램에 맞는 오프닝 멘트를 구사한다. 정중하고 예의 있는 방송으로 많은 인기를 얻고 있는 먹방 유튜버 '벤쯔'는 "님들"이라는 표현으로 인사를 한다. 단 한마디지만 본인의 방송 철학과 생각을 명확하게 나타낸다. 영어회화 유튜버인 '디바제시카'는 경쾌하고 밝은 목소리로 인사를 한다. 영어라는 다소 어렵게 느껴질 수 있는 콘텐츠를 밝고 유쾌하게 시작함으로서 시청자들에게 기분 좋은 에너지를 전달한다. 비글 매력으로 많은 인기를 끌면서 150만 명이 넘는 구독자를 확보하고 있는 뷰티유튜버 '씬님'은 인사하면서 손가락 브이를 귀엽게 보여준다. 본인만의 확실한 시그니처 오프닝으로 사람들에게 캐릭터를 각인시킨다. 공중파 방송 프로그램 역시 다르지 않다. '썰전'은 항상 같은 오프닝으로 시작한다. 오프닝 멘트만 들어도 그날의 방송이 기대된다. 정해진 멘트 혹은 정해진 루틴의 멘트를 반복해서 시청자들에게 콘텐츠의 아이덴티티를 인지시킨다.

이는 방송에서만 국한되지 않는다. 면접 볼 때 상상해보자. 떨리는 마음으로 면접실에 입장해서 가장 먼저 자기소개를 한다.

보통 면접관이 지원자를 판단하는 순간은 첫 인사 멘트라고 한다. 평균 4초 안에 면접의 당락을 암묵적으로 결정하게 된다. 물론 뒤에 이어진 질문과 답을 듣고 판단의 변화가 있을 수 있지만, 오프닝이 미치는 영향은 매우 강력하다. 오프닝이 제대로 이뤄지지 않고 본론으로 들어가게 되면 청중은 흥미를 느낄 준비를 하지 못한다. 오프닝에 따라 남은 강의 내용을 기대할지 말지를 결정한다.

오프닝은 진행자에게도 심리적인 요소로 작용한다. 오프닝이 잘 되었을 때 스스로에게 안정감을 준다. 뒤에 남은 스피치에도 좋은 영향을 끼친다. 첫 단추가 잘 끼워지면 뒤도 자연스럽게 풀려갈 수 있다.

그렇다면 어떤 오프닝이 좋은 오프닝일까? 우선 가장 기본적으로 당신의 콘텐츠를 명확히 나타낼 수 있는 멘트를 정해라. 본인만의 시그니처 멘트를 정하는 것이 좋다. 보통은 대게 이름이나 닉네임을 활용한다. 짧은 문장을 정해서 항상 같은 형태의 오프닝을 해라. 꾸준하게 하다 보면 본인만의 색깔을 보여줄 수 있다. 소리의 톤이나 억양도 콘텐츠에 어울릴 수 있게 말해라. 가벼운 손동작이나 제스처를 함께한다면 더욱 효과적이다.

평범한 오프닝이 싫다면 질문을 활용하는 것도 좋다. 그날의 콘텐츠 내용을 살짝 보여줄 수 있는 질문이면 좋다. 예를 들어 영화를 소개하는 방송이라고 하자. 오늘 준비된 영화는 첫사랑의

풋풋함을 느낄 수 있는 청춘 멜로영화다.

"여러분의 첫사랑은 언제였나요? 모든 사람에게 첫사랑은 소중하고 설레는 순간이죠. 오늘 그 설렘을 다시 느끼게 해줄 영화 한편을 준비했습니다. 000 시작합니다."

질문을 통해 첫사랑의 감정을 끌어낸다. 오프닝의 역할은 뒤에 나올 본론의 내용을 가볍게 끌어내주는 것이다. 시청자가 호기심을 느낄 정도의 힌트만 줄 수 있다면 성공이다.

사회적 이슈나 일상, 근황을 통해서 오프닝을 시작하는 것도 좋은 방법이다. 콘텐츠와 직접적인 연관이 없더라도 시청자들이 충분히 공감할만한 가벼운 주제나 최근 이슈라면 집중시키기에 좋다. 다만 정치나 종교 같은 민감한 내용이나 다수의 공감이 떨어지는 이야기는 오히려 역효과를 가져올 수 있으니 주의해야 한다.

"안녕하세요, 여러분. 얼마 전 월드컵이 끝났죠. 우리 한국 선수들 정말 멋지고 열심히 뛰어줘서 보는 내내 감동이었습니다. 특히 마지막까지 포기하지 않고 뛰었던 '손흥민' 선수가 경기 끝나고 우는 모습을 보면서 저도 모르게 눈시울이 붉어지더라구요. 월드컵은 끝났지만 우리 대표팀 선수들의 투지와 열정은 영원히 기억될 겁니다. 자, 그럼 오늘도 시작 해볼게요!"

　정해진 규칙은 없다. 중요한 건 시청자의 마음을 사로 잡아야 한다는 것이다. 영화의 예고편처럼 궁금증과 기대감을 줄 수 있다면 대성공이다. 오프닝만 잘해도 절반은 성공이다.

사람의 마음을 사로잡은 말들

하루에도 수백 개씩 쏟아지는 방송 프로그램들과 그 속에 내뱉어지는 수많은 말들. 하지만 프로그램을 보고 라디오를 들어도 특별히 기억에 남는 말이 없는 경우가 많다. 그럼에도 불구하고 사람들이 마음에 남는 말들이 분명 있다. 이 말들에는 어떤 특별한 것이 있는 걸까? 사람들의 마음을 움직인 말들을 보며 그 비밀을 찾아보자.

1. 뚜렷한 가치관으로 신뢰를 주는 말들

문제의식이 있어야 문제가 발견되고
문제를 발견해야 문제 제기를 할 수 있고
문제를 제기해야 문제가 해결된다.
– 손석희(앵커)

입술의 30초가 가슴의 30년이 된다.
말 한 마디가 누군가의 인생을 바꿀 수 있다.
– 유재석(개그맨)

짜증 날 때는 가운데 손가락을 세워도 된다.
하지만 검지도 세우고 브이를 만들 수 있는 사람이 멋있다.
당신이라면 할 수 있을 것이다.
누구보다 용감한 사람이니까.
– 사유리(방송인)

세상에서 가장 안전한 배는 정박해 있는 배다.
하지만 바다로 나가지 않는 배는 더 이상 배가 아니다.
– 이경규(개그맨)

2. 기지가 넘치는 촌철살인의 말들

존중 없는 충고는
쓸데 없는 잘난 척
– 하상욱(시인)

즐길 수 없으면 피하라.
고생 끝에 골병난다.
일찍 일어나는 새가 피곤하다.
– 박명수(개그맨)

나만 힘든 건 아니지만
니가 더 힘든 걸 안다고
내가 안 힘든 것도 아니다.
– 유병재(개그맨)

"무엇이든 시작이 반이고,
시작을 위한 준비가 그 이상이다.
첫 달음을 잘 떼기 위해서는, 어떤 모양과
재질의 신발을 고를지 너가 먼저다."

외우지 마라. 당신의 기억력은 그리 좋지 않다

쇼호스트 방송을 진행할 때 대본이 없다. 전체적인 순서에 대한 큐시트는 있지만 세세한 내용까지 적혀 있는 대본은 존재하지 않는다. 1시간 방송을 대본 없이 끌어가야 한다. 얼핏 들으면 말도 안 된다고 생각할 수 있다. 하지만 반대로 생각해보면 1시간 동안 할 말을 대본으로 작성한다는 자체가 더 말도 안 되는 이야기다.

강의나 행사를 진행할 때도 마찬가지다. 기본적인 식순이나 참고용 PPT는 존재하지만 대본은 없다. 왜 그럴까. 대본이 있다 해도 그걸 전부 외우는 것 자체가 불가능하다. 아니, 외우더라도 틀릴 확률이 높다. 오히려 실수를 유발할 가능성이 높다.

인간의 기억력은 생각보다 그렇게 좋지 않다. 1시간짜리 대본을 토시 하나 틀리지 않고 외울 수 있는 사람은 그리 많지 않다. 그렇다면 대본 없이 어떻게 진행을 해야 할까. 키워드를 활용하는 것이다. 이야기할 내용에 대해 키워드로 기억해라.

예를 들어, 오늘 이야기할 내용이 내가 사용하는 스마트폰에 대한 이야기라고 하자. 스마트폰의 장점에 대해 설명해보자. 먼저 서론, 본론, 결론 3가지로 크게 나눈다. 서론에서는 스마트폰이 필요한 이유, 본론에서는 스마트폰의 장점과 특징, 결론에는 앞 내용을 바탕으로 당신이 이 스마트폰을 사야 하는 이유를 요약해서 말하면 된다.

서론 – 스마트폰이 필요한 이유
본론 – 스마트폰의 장점과 특징
결론 – 앞에 전체 내용 요약

큰 단락이 나왔으면 세부 내용을 꾸려보자. 오프닝에서 질문을 통해 내용을 끌어낼 것인지, 영상을 보여주면서 이야기를 시작할지 정하자. 본론은 다시 3개의 덩어리로 나눠라. 디자인, 기능, 가격으로 나눠서 이야기하면 된다. 마지막으로 결론에서는 앞 내용을 짧게 다시 한번 요약해라.

서론 – 스마트폰이 필요한 이유

→ 스마트폰으로 쇼핑하는 영상 노출

본론 – 스마트폰의 장점과 특징

→ 디자인 우수, 방수 기능, 저렴한 가격

결론 – 앞 내용 요약 및 마무리

→ 3가지 장점 재언급, 구매 유도

이 정도 세부화만 시켜줘도 외우지 않고 충분히 말할 수 있다. 키워드를 보고 연상 작용을 통해 이야기한다면 어렵지 않게 말할 수 있다. 방송도 마찬가지다. 대본을 외우면 외운 내용을 말하기 위해 노력하게 된다. 자연스럽게 틀렸을 때 대처가 어렵다. 말 자체도 부자연스럽고 진정성을 보여주기 힘들다.

기억력은 한계가 있다. 아무리 머리가 좋은 사람이라도 다 외울 순 없다. 키워드를 활용해라. 당신의 부족한 기억력을 채워줄 것이다.

"키워드를 활용해라."

리액션은
청중만 하는 것이 아니다

리액션의 중요성에 대해서는 많이 들었을 것이다. 예능 프로그램을 볼 때 진행자가 재밌는 이야기를 하면 방청석에서 박수와 웃음이 터진다. 이는 시청자로 하여금 더 재밌다고 느끼게 만든다. 실제 스탭들이 적절한 타이밍에 리액션을 요청하기도 한다. 행사를 진행할 때도 관객들의 호응이 매우 중요하다. 무언가 멘트를 했을 때 관객들의 호응에 따라 분위기가 달라진다. 그래서 MC는 끊임없이 박수를 유도하고 리액션을 요구한다.

그런데 리액션은 청중들만 해야 하는 걸까. 아니다. 진행자 역시 리액션이 필요하다. 청중들의 반응에 맞는 적절한 리액션이 필요하다. 방송이라면 시청자들의 반응에 맞춰 호응을 해줘야 한다.

리액션을 잘하는 방법은 간단하다. 상대방의 말에 동의해주면 된다. 말을 하고 난 뒤에 상대방의 대답을 듣고 반응을 해주는 것이다. 예를 들면 "정말요?" "진짜?" 같은 간단한 리액션부터 "그럴 수 있겠네요", "맞아요. 저도 같은 생각이에요" 이런 식의 상대방의 의견을 동의하는 리액션도 가능하다. 혹은 질문을 하는 것도 일종의 리액션이 될 수 있다. "어때요?", "그렇게 생각하죠?" 같은 질문을 하면서 역으로 리액션을 하는 방식도 매끄러운 진행을 위해 도움이 된다.

대한민국 최고의 MC로 '유재석'을 꼽는다. 그의 최고의 장점은 무엇인가. 바로 리액션이다. 어떤 게스트, 어떤 청중들 앞에서도 상대방을 위한 리액션을 해준다. 항상 듣고 반응한다. 당신의 사소한 리액션이 시청자의 마음을 흔든다. 리액션은 청중만 하는 것이 아니다. 당신이 먼저 리액션을 했을 때 청중도 반응한다.

특히 1인 미디어의 경우 방청객 없이 방에서 혼자 진행할 때가 많다. 보이지 않는 시청자를 상대로 리액션을 해야 하는 것이다. 그래야 시청자들도 소통한다는 느낌을 받게 된다. 리액션 없이 혼자 말하게 되면 시청자들은 진행자에게 집중을 하지 못한다. 마치 나를 무시하고 혼자 말하는 것처럼 보인다. 이는 결국 방송을 보지 않는 결과를 가져온다. 그래서 말을 하는 중간에 한 번씩 시청자들을 향해 질문을 던지거나 동의를 구하는 표현을 사용해주면 좋다. 때로는 질문을 한 뒤 약간의 침묵이나 기다림을 통해 정말 대화를 한다는 느낌을 주는 것도 좋은 방법이다. 무언가 시청자에게 요구를 했다면 칭찬을 해주는 것도 시청자들이 소통한다는 느낌을 받을 수 있다.

길터뷰(길거리 인터뷰)의 대명사 BJ '최군'의 방송을 보면 화려한 말솜씨로 처음 보는 사람들과 능숙하게 인터뷰를 이어간다. 전문 방송인도 아닌 일반인들을 상대로 말이 끊기지 않고 부드럽게 진행하기란 쉽지 않다. 순간적인 재치와 센스도 필요하고 무엇보다 적절한 리액션이 매우 중요하다.

최　군 : 안녕하세요 방송하고 있는 개그맨 '최군'이라고 합니다. 저 혹시 아시나요?

일반인 : 네, 알아요

최　군 : 오~ 저희 닉네임 읽는 거 아시죠? 절대 뒤돌아보시지 말구요. 얼굴 안 나옵니다. 하나만 읽어주세요. 선물 드립니다.

일반인 : 닉네임 00000?

최　군 : 00000? 어 대박! 방금 있던 분이 00000 골랐는데, 좋습니다. 지금 어디 가는 길이세요?

일반인 : 친구 만나러요.

최　군 : 친구 만나러. 한 명이요? 두 명이요?

일반인 : 한 명이요.

최　군 : 남자친구인가요?

일반인 : 아니요. 여자친구요.

최　군 : 여자친구요. 여자친구랑 만나서 뭐 하실거죠?

일반인 : 그냥 카페⋯

최　군 : 그냥 카페가기로 했으면 돈이 들겠군요. 적어도 2만 원 돈은 나가잖아요. 저희가 어떤 콘텐츠인지 아시죠? 저희가 호구 콘텐츠, 유니세프 콘텐츠라고 해서 인터뷰가 진행되는 동안에 출연료 대신 망고, 커피, 식사라든지 이런 걸 다 (대접) 해드리거든요. 친구는 어떤 성격인가요?

일반인 : 그냥 소심한 성격이요.

최　군 : 소심한 성격, 그럼 친구를 몇 시에 만나기로 했죠? 지금이 6시 22분이잖아요.

일반인 : 7시?

최　군 : 7시? 무려 40분이나 남았네요. 40분 동안 뭐 하려고 했어요?

일반인 : 혼자 그냥⋯ (웃음)

최　군 : 이런, 이런, 이런! 슬픈 일이! 그럼 7시까지 저랑 있다가 친구 오면 전 계산해드리고 갈게요. 어때요? 콜?

일반인 : 아, 네. 좋아요.

인터뷰가 물 흐르듯이 자연스럽다. 최군의 특징 중 하나는 상대방의 말을 다시 한 번 따라한다. 이를 통해 상대방에게 이야기를 집중해서 듣고 있다는 느낌을 준다. 시간적으로도 여유를 가지면서 다음 대화를 이어나간다. 단순히 상대방의 말에 동의해주고 그의 이야기를 듣고 있다는 느낌을 주는 것만으로도 매끄럽게 대화를 이어 나갈 수 있다.

당신의 사소한 리액션이
시청자의 마음을 흔든다.

손은
장식이 아니다

　말을 잘하는 사람은 멀리서 봐도 잘한다는 느낌이 든다. 그가 이야기하는 소리를 듣지 않아도 제스처나 표정만 봐도 느껴진다. 적당한 손동작과 다양한 표정, 가끔씩 깊게 들어오는 눈 맞춤은 듣는 이로 하여금 딴 생각을 할 수 없게 만든다. 흔히 우리가 잘 아는 훌륭한 연설가들의 대부분의 모습이다.

　'김미경' 강사의 강연을 보면 쉴 새 없이 손을 움직인다. 절대로 가만히 있는 법이 없다. 손뿐만 아니라 발도 함께 움직인다. 때로는 청중들에게 가까이 다가가고 때로는 바닥을 발로 치면서 이야기를 이어 나간다. 이런 동작들은 소리의 이해도를 높여주고 청중의 집중을 이끌어낸다. 반면에 보통의 사람들은 말을 할 때

손을 잘 사용하지 않는 경우가 많다. 사실 어떻게 손을 사용해야 할지 모른다. 두 손을 모으자니 이상하고 언제 펴야 할지 어색하다. 말과 따로 노는 것 같아 아예 사용을 하지 않는다.

외국을 나갔을 때를 생각해보자. 부족한 외국어로 소통을 해야 한다. 화장실을 찾기 위해 손짓 발짓을 사용해가면서 외국인과 소통을 한다. 깊은 대화는 어렵지만 길 찾기나 음식 주문 정도는 충분히 대화 없이도 할 수 있다. 이 상황만 보아도 바디랭귀지의 힘이 얼마나 큰지 알 수 있다. 말을 할 때 약간만 섞어 준다면 전달력을 한층 높일 수 있다.

효과적인 제스처를 사용하기 위해선 어떻게 해야 할까. 일단 내 제스처가 어떤지 알아야 한다. 전신 거울 앞으로 가자. 실제 무대 앞이라고 생각하고 말을 해보자. 언제 내 손이 올라가는지 남은 손은 어디에 위치하고 있는지 직접 확인해야 한다. 가능하다면 녹화를 해서 직접 보는 것도 좋은 방법이다.

우선 어깨는 쭉 펴야 한다. 어깨가 굽으면 자신감이 없어 보이고 여유가 느껴지지 않는다. 당당해 보일 수 있게 가슴을 쭉 펴라. 두 손을 가지런히 가운데로 모아보자. 겨드랑이는 가급적 붙이지 말고 항상 뗀 상태를 유지한다. 팔이 몸에 붙으면 소극적인 느낌이 든다. 두 손을 모을 때도 겨드랑이 사이는 붙이지 않는다. 무언가 손동작을 할 때는 가급적 크게 해라. 크고 적극적인 동작의 제스처가 보기 좋다. 특히 무대 위라면 더더욱 큰 동작이 효과적이다. 내가 하는 말에 맞춰 동작을 하자. 말과는 전혀 다르게 손이 움직이면 청중의 집중도를 떨어뜨린다. 특히 손으로 표현할 수 있는 말은 동작과 함께하면 효과가 배가 된다. 예를 들어 "첫째, 목표가 중요합니다."라는 말을 할 때는 손가락으로 1을 만드는 것이 좋다. 동작을 통해 내용을 한 번 더 강조하는 것이다. 그 외에도 약속, 네모칸, 크기, 단계, 지칭 등 손으로 표현할 수 있는 내용은 함께 사용해라. 실제 말보다 살짝 빠르면 좋다. 1초 정도 먼저 동작을 하고 말을 하면 더 효과적이다.

손 외에 다른 신체 부위의 활용도 가능하다. 중요한 이야기를 할 때는 상체를 전체적으로 앞쪽으로 숙이면서 청중과 눈 맞춤을 한다. 무대가 넓거나 이동이 가능하다면 가끔씩 청중 가까이 걸어가는 것도 좋은 방법이다. 방송도 마찬가지다. 카메라와 가까이 가면 시청자들은 긴장을 하면서 동시에 집중을 하게 된다. 중요한 부분을 이야기할 때나 친근감을 주고 싶을 때 활용하자.

거울을 통해 연습하자. 실제 촬영을 해서 어색한 부분을 찾아내자. 필요하다면 나만의 제스처를 만들어 말의 개성을 불어넣자. 효과적인 제스처를 사용하면 당신의 목소리가 한층 더 생동감 있게 들린다.

"나만의 제스처를 만들어
말에 개성을 불어넣자."

눈으로
말해라

말할 때 눈을 못 마주치는 사람이 있다. 어딘가 초점을 다른 곳을 보고 이야기를 한다. 가끔씩 마주치다가도 이내 눈을 피한다. 이런 사람과 대화를 하면 무언가 불안하다는 느낌을 받는다. 동시에 상대방에게 온전히 집중하기 어렵다.

눈은 말을 할 때 중요한 요소 중 하나다. 제스처가 아무리 훌륭해도 눈을 마주치지 않는다면 그 스피치는 죽은 스피치다. 로봇이 말하는 것과 다를 바가 없다.

외국인과 대화를 해보면 눈 맞춤을 많이 한다. 이는 상대방에게 "내가 당신의 말에 집중하고 있습니다"라고 말하는 것과 같다. 유독 한국 사람들은 눈 맞춤에 인색하다. 상대방의 눈을 쳐다보는 것을 실례로 생각하는 경우도 많다. 쑥스러워서 그런 경우도 있고 예의가 아니라고 생각하기도 한다. 대부분이 눈을 맞추는 것을 부담스러워한다.

우리가 애인과 이야기할 때를 생각해보자. 그 혹은 그녀가 어떤 말을 해도 사랑스러운 눈빛으로 눈을 보며 이야기한다. 가끔씩 미소를 띠기도 하고 지긋이 고개를 돌리기도 한다. 청중도 똑같다. 당신이 애인이나 가까운 친구와 이야기할 때처럼 눈을 바라보자. 애인을 볼 때 만큼의 사랑스런 눈빛은 아니더라도 주기적인 눈 맞춤은 청중을 즐겁게 한다.

방송을 할 때 카메라를 보면서 이야기한다. 이때 잠깐이라도 다른 곳을 쳐다보면 카메라에 그대로 드러난다. 시청자들은 그 찰나의 순간을 바로 느끼게 된다. 딴생각을 하거나 집중을 하지 않는다고 판단해서 채널을 돌리는 경우도 발생한다. 눈을 마주치는 것은 서로 집중하고 있다는 증거다. 필요에 따라 다른 곳을 응시하거나 의도적으로 피할 수 있지만 계속해서 눈을 피하는 것은 보는 이의 기분을 상하게 할 수 있다. 특히 시청자는 진행자와의 눈 맞춤을 원한다.

하지만 이 역시 말처럼 쉽지 않다. 평소 눈 맞춤이 익숙한 사람이 아니라면 어색할 것이다. 습관적으로 눈을 피하게 된다.

처음에는 짧은 시간 눈을 맞추는 연습을 하자. 친구와 얘기할 때 의도적으로 10초간, 30초간 눈을 쳐다보는 습관을 들이자. 직접 눈을 보는 게 부담스럽다면 코나 인중을 쳐다보는 것도 괜찮다. 상대방이 느끼기에는 충분히 눈을 보며 집중하고 있다고 생각된다.

눈을 맞추는 게 익숙해졌다면 조금씩 빈도를 조절해보자. 눈을 보면서 말하다가 화제의 전환이나 생각하는 순간, 꾸미는 수식어 같은 표현을 쓸 때는 다른 곳을 쳐다보자. 말하는 틈틈이 다른 곳에 눈길을 주면서 듣는 사람에게 숨 쉴 틈을 주는 것이다. 대신 시선을 돌릴 때는 가급적 확실하게 돌려주는 것이 좋다.

눈동자만 움직이거나 훔쳐보는 느낌이 들면 자칫 오해를 불러올 수 있기 때문이다. 눈 역시 제스처와 다르지 않다. 크고 확실한 움직임이 보는 사람에게 신뢰감을 준다. 방송에서는 특히 다른 곳을 바라볼 때 주의해야 한다. 화면을 집중하고 있는 시청자들은 진행자의 사소한 움직임에 반응한다. 눈이 카메라 렌즈를 벗어나 다른 곳으로 움직이면 바로 알아챈다. 그래서 다른 곳을 볼 때는 확실하게 바라보는 것이 좋다. 고개를 돌리거나 몸을 시선의 방향 쪽으로 기울여서 의도적으로 다른 방향을 보고 있다는 느낌을 주어야 한다. 그래야 시청자들이 어색함을 느끼지 않는다.

눈 맞춤은 상대에게
집중과 관심을 느끼게 한다.

내가 발표공포증?

내 거친 생각과 불안한 눈빛과…

평소에는 거침없는 입담을 자랑하던 사람도 갑자기 회사 중역들 앞이나 많은 사람들 앞에 서면 불안함을 느끼는 경우가 있다. 많은 사람들이 이것을 소심한 성격이나 언변의 문제라고 생각하지만 사실 이런 현상은 외향적인 성격을 가진 달변가에게도 종종 나타난다.

전문가들에 의하면 이런 발표공포증은 회사나 개인이 처한 특정 조건적 상황에서 발생하는데, 이전에 겪었던 감정이나 실패의 경험 때문에 비슷한 상황이 되면 이런 불안 증세가 생긴다. 그렇기 때문에 스스로 그 원인을 파악하고 극복해 나가는 노력이 있다면 충분히 개선이 가능하다.

〈발표공포증 극복법!〉

1. 불안의 원인 파악하기

내가 불안해지는 것이 특정 인물 때문인지, 장소나 시간 때문인지, 컨디션 때문인지 특정 기억 때문인지 원인을 정확히 파악하는 것이 중요하다. 스스로 공포의 메시지를 만들어 내는 것이 무엇인지 충분히 이해하자.

2. 불안한 환경을 연습하자

자신이 불안해지는 특정 조건적 상황을 미리 접하고 연습하는 것이다. 카메라 앞, 회의실, 무대 등 자신이 설 장소에 자주 가보고 자주 연습해보는 것이다.

3. 자세 바로 하기

불안감 때문에 어깨가 움츠려 들고 몸이 굽게 되는데, 이런 신체 상태는 불안감을 더 불러올 뿐이다. 허리를 세우고, 호흡을 깊이 하고 미소를 지어보자.

4. 긍정적인 반응에 집중하자

과거 악플이나 부정적인 반응의 경험을 계속 떠올리고 상상하는 것은 도움이 되지 않는다. 단 한 마디, 잠깐의 눈빛, 한 줄의 격려라도 긍정적이었던 순간을 계속 떠올리고, 그런 반응에 집중하려고 노력해야 한다.

유머 있는 남자는
모두가 좋아한다

여자들에게 이상형을 물어보면 상당수가 유머 있는 남자를 말한다. 재밌고 유쾌한 사람을 좋아한다. 이는 남자도 마찬가지다. 즐겁고 재밌는 사람을 싫어하는 사람은 없다. 개그맨들이 특히 인기가 많은 이유 역시 사람들에게 웃음을 주기 때문이다.

나는 개그맨도 아니고 재밌는 성격도 아니라면 어떻게 해야 할까. 노력이 필요한 건 사실이지만 불가능한 건 아니다. 유머의 목적은 상대방을 웃기는 게 아니라 즐거운 분위기를 만드는 것이다. 무리한 개그를 시도하기보다는 위트 있고 가벼운 멘트를 통해 청중과 소통하는데 목표를 두고 있다.

유머에도 여러 가지 종류가 있다. 가장 효과적인 방법 중 한 가지는 역발상이다. 상황을 반대로 말하는 방법이다. 흔히 말하는 반전개그이다. 친구와 맥주를 마시러 갈 때 자주 하는 말이 있다.

"날씨도 추운데 따뜻하게 맥주 한잔할래?"

얼핏 들으면 틀린 말 같지만 의도한 반전이라는 것을 상대방이 충분히 알아챌 수 있다. 약간의 반전을 통해서 말의 가벼운 유머 코드를 심을 수 있다. 상황을 뒤집어 재미를 주는 방법도 있다. 결혼식에서 긴장된 모습으로 입장을 준비하고 있는 신랑에게 질문을 한다.

"결혼은 처음이시죠?"

보통의 결혼식은 결혼을 처음 하는 경우가 대부분이다. 당연한 걸 진지하게 물으면서 웃음 포인트를 유발한다. 물론 재혼인 경우에는 절대 사용해서는 안 되는 멘트다. 청중이나 시청자의 참여를 유도할 때도 효과적인 유머가 많다.

"혹시 지금까지 살면서 선물 당첨이 한 번도 안 된 사람있나요? 손들어보세요."

선물을 받고 싶어 손을 드는 사람에게 말한다.

"네, 오늘도 안 되실 거예요."

이런 식의 반전 유머는 부담스럽게 않게 다양한 상황에 적용이 가능하다. 1인 미디어 방송을 할 때도 시청자들과 소통하는 용도로 다양하게 활용이 가능하다.

물론 처음부터 쉽지는 않다. 분위기나 상황에 적절하게 적용시키기는 어려울 수 있다. 그래서 자주 사용하고 따라 해야 한다. 주변에 재밌는 친구가 있으면 그가 하는 유머를 잘 보고 배워라. 기억하기 어렵다면 따로 메모하는 것도 방법이다. 예능 프로그램에 나오는 연예인들의 위트 있는 멘트를 기록하자. 어떤 상황에서 어떤 멘트를 사용하는지 보면서 연습해라. 요즘은 인터넷을 통해 가벼운 유머멘트를 배울 수 있는 콘텐츠도 많이 존재한다. 자주 보고 배워서 사용하자. 실제로 써보는 것만큼 좋은 방법은 없다.

혹시 유머가 실패해도 당황하지 말자. 웃으면서 "농담이구요"라면서 넘기면 된다. 오히려 이런 반응이 웃음을 유발할 수도 있다. 당황하지 말고 자주 사용하자. 유머는 최고의 무기다.

"자주 보고 배워서
사용하자.
실제로 써보는 것만큼
좋은 방법은 없다."

웃음은
최고의 무기다

웃는 얼굴에 침 못 뱉는다.

　누구나 다 아는 사실이지만 이를 활용하는 사람은 생각 외로 많지 않다. 주변 친구들 중에서 유독 잘 웃는 친구가 있다. 별 말 하지 않아도 일단 웃으면서 대화를 시작한다. 사소한 행동 하나 에도 계속해서 웃음을 보인다. 왠지 모르게 친근감이 든다. 은행에 가면 창구에 직원이 앉아있다. 번호를 뽑고 않으면 해맑게 웃으면서 인사한다. 특별한 말을 하지 않아도 친절하다는 느낌을 받게 되고 괜스레 기분이 좋다. 얼마 전 전자기기를 구매했는데 몇 일 안되서 고장이 났다. 반쯤 화가 난 상태로 가까운 AS센터를 방문했다. 담당 창구에 앉자마자 직원이 해맑은 미소로 웃으면서 "무엇을 도와드릴까요?"라고 반겨주자. 짜증스런 마음이 가라앉

왔다. 투정 섞인 목소리로 제품이 고장난 원인을 조목조목 설명한 기억이 난다.

왠지 웃는 사람 앞에서는 짜증도 줄어들고 기분도 묘하게 좋아진다. 웃음은 그만큼 강력한 힘을 가지고 있다. 무대에서도 웃음의 힘은 여전하다. 말을 하다 실수를 할 때가 있다. 이때 웃음을 활용하면 어색하지 않게 넘길 수 있다. 방송 중에도 웃음은 유용하게 활용된다. 재밌는 이야기를 할 때 웃음을 활용하면 효과적이다. 웃어야 할 부분에서 진행자가 같이 웃음으로써 시청자의 웃음을 유발할 수 있다. 진행자의 웃는 모습을 보면 시청자도 자연스럽게 웃음을 짓게 된다. 웃음은 일종의 바이러스 효과를 가지고 있다.

승무원들이 처음 입사하면 가장 먼저 하는 훈련 중 하나가 미소 연습이다. 예쁘게 미소 짓기 위해 연습한다. 평소 웃는 게 어색한 사람이 있다. 필자도 자연스럽게 웃음을 짓기 위해 꾸준히 훈련을 했다. 매일 아침 거울을 보면서 웃음 연습을 한다. 입꼬리를 올리면서 미소를 짓는다. 1분 정도 웃는 상태를 유지하면 경련이 오기 시작한다. 사용하지 않던 근육을 쓰다보면 불편함이 느껴진다. 평소 많이 웃지 않던 사람은 고통이 더 심할 것이다.

재밌는 프로그램을 보면서 박장대소를 연습하는 것도 좋은 방법이다. 일부러 평소보다 과하게 웃어라. 자꾸 웃을수록 편해진다. 하루에 5분만 6개월 이상 꾸준하게 반복하자. 새로운 무기를 얻게 될 것이다.

무대에 올라가기 전이나 방송을 시작하기 전에는 미리 웃어라. 갑작스럽게 웃으려고 하면 근육이 당겨온다. 미리 웃음 연습을 통해 근육을 풀어주자. 즐거운 상상을 하거나 재밌는 영상을 보면서 웃음 근육을 풀어주면 좋다. 즐거운 상상을 할 때 나오는 웃음이 진짜 웃음이다. 평소에도 긍정적인 생각과 마인드를 지니기 위해 노력하자. 행복한 사람의 미소는 바로 알아챌 수 있다.

긍정적인 생각과 마인드를 가지는 것이
아름다운 미소를 가지는 비결이다.

예쁜 미소를 짓는 방법

1. 근육 풀어주기

얼굴 전체의 근육을 풀어주자. "아야어여오요우이"를 최대한 크게 벌리면서 입과 주변 근육을 전체적으로 풀어준다. 얼굴 전체를 찡그리면서 평소 사용하지 않았던 근육들을 움직여 본다.

2. 입꼬리 올리기

가볍게 미소를 지으면서 입꼬리를 올려 본다. 가벼운 미소를 지은 상태로 10초간 유지한다. 이번에는 이전보다 더 밝은 미소로 입꼬리를 올리고 10초간 유지한다. 점차적으로 미소의 강도를 올려가면서 반복한다. '개구리 뒷다리', '위스키' 등의 단어를 말하면 좀 더 쉽게 미소를 지을 수 있다. 입꼬리에 경련이 느껴진다면 정확하게 하고 있는 것이다.

3. 박장대소

즐거운 생각을 하면서 박장대소를 해보자. 억지로 해도 좋다. 웃는 상황에 익숙해질 필요가 있다. 5초간, 10초간 시간을 늘려가면서 웃어보자. 자연스럽게 기분도 좋아질 것이다.

* 하루에 5분씩만 꾸준하게 한다면 당신의 미소가 조금 더 자연스러워질 것이다. 최고의 무기를 만들어보자.

CHAPTER 6

즐기면서
말하기

끝날 때까지 끝난 것이 아니다.

평범해지지
마라

    필자가 군 생활을 하던 당시, 여느 군인들처럼 걸그룹에 열광했다. 유일한 낙이자 즐거움이었지만 매번 비슷한 노래에 똑같은 안무, 콘셉트에 조금씩 지쳐가고 있었다. 그러던 어느 날 충격적인 장면을 보게 됐다. 길쭉하게 땋아 올린 머리에 '여성스러움'이라고는 찾아볼 수 없는 힙합풍의 옷을 입고 예쁜 척을 포기한 채 노래를 부르는 한 그룹이 등장한 것이다. '2NE1'이었다. 지금은 비슷한 콘셉트의 그룹이 많이 존재하지만 당시 처음 나왔을 때는 충격 그 자체였다. 보통의 걸그룹은 예쁘고 사랑스러운 느낌의 모습에 노래 스타일도 귀엽고 예쁜 노래가 많았다. 그런데 강렬한 비트에 진한 화장을 하고 '여전사' 같은 모습으로 노래를 부르는 2NE1을 보면서 처음에는 약간 놀랐지만 이내 빠져들었다. 그 동안 가요계에서 찾아볼 수 없었던 새로운 모습에 인기는 끝을 모르고 치솟았다.

비슷한 사례는 많이 찾아볼 수 있다. 지금은 예능프로그램에 많이 등장하면서 동네형 같은 친근한 이미지가 있지만 10년 전만 해도 모든 남자들의 로망이자 멋의 상징이었던 모델 '배정남'의 이야기다. 내 또래 대한민국 남자 중에 '배정남' 사진을 핸드폰 배경화면 한번 안 했던 사람은 없을 거다. 여자들은 몰라도 남자들에게만큼은 한때 우상과도 같은 존재였다. 특히 그가 많은 사랑을 받았던 이유 중 하나는 모델치고는 작은 키임에도 멋진 스타일과 패션 감각, 당당한 자신감이었다. 180cm 후반대가 즐비한 모델계에서 비교적 단신의 키로 정상급 모델로 활동한다는 것이 쉬운 일은 아닐 것이다.

이들이 성공할 수 있었던 이유는 무엇일까. 그렇다. 예쁘고 사랑스러운 걸그룹들 사이에서 혜성처럼 등장한 '2NE1'은 지쳐버린 여자아이돌 시장에 새로운 활력을 불어넣었다. 탄탄한 실력과 음악성에 차별화된 개성까지 보여주니 사람들이 열광했다. '배정남'의 경우도 다르지 않다. 약점이라면 약점이 될 수 있는 신장을 오히려 당당한 자신만의 무기로 활용했다. 장신 모델들과의 차별화를 보여줬다. 키가 크지 않음에도 더 멋지고 세련된 패션을 보여줬다.

사람들은 평범한 것을 좋아하지 않는다. 늘 새롭고 특별한 것을 찾는다. 하지만 정작 본인은 평범해지기 위해서 노력한다. 매력을 없애고 남들과 같아지기 위해 힘쓴다. 일단 이 책을 보고 있는 당신은 그들보다 한걸음 더 나아간 건 사실이다. 대부분이 신경 쓰지 않는 소리에 대해 관심을 가지고 있기 때문이다. 조금 더 욕심을 내본다면 평범해 지지마라. 당신만의 매력을 죽이지 마라.

구독자 62만 명의 뷰티 유튜버 '조효진'은 사투리를 사용한다. 억양이 강하지는 않지만 구수한 사투리의 느낌이 그대로 묻어난다. 뷰티라는 콘텐츠 특성상 당연히 표준어를 생각하겠지만 그녀는 구수한 사투리와 재밌는 입담으로 시청자들의 마음을 사로잡았다. 오히려 딱딱하지 않고 친근한 옆집 언니 같은 그녀의 진행은 콘텐츠와 상반된 느낌을 주면서 반전 매력을 끌어냈다.

탄탄한 기본기를 갈고 닦는 것은 중요하다. 앞서 이야기했던 발성, 발음을 계속해서 연습해라. 꾸준하게 갈고 닦아야한다. 탄탄한 기본기가 생겼을 때 나만의 매력도 나온다. 특히 1인 미디어는 본인만의 개성이 매우 중요하다. 최종 목표는 내 목소리의 매력을 끌어내는 것이다.

"당신이 가진
소리의 위대함을 잊지 마라."

끝날 때까지
끝난 게 아니다

　영화를 좋아하는가. 필자도 대다수의 사람들과 같이 문화생활로 영화 감상을 즐겨 한다. 영화가 시작할 때의 두근거림은 항상 즐겁다. 팝콘을 한 뭉치 입에 넣고 긴장된 마음으로 시작한다. 화려한 특수 효과와 스타 배우들이 등장한다. 알 수 없는 흔적과 단서들이 관객의 마음을 졸이게 만든다. 탄탄한 스토리에 끌려가다 보면 나도 모르는 사이 결말에 대한 상상을 하게 된다. 범인이 궁금해지고 엔딩이 기대된다. 그런데 갑작스럽게 영화가 급하게 마무리된다. 불이 켜지고 크레딧이 올라온다. 관객들은 어리둥절하다. 분명 아직 끝난 것 같지 않은데 영화가 끝났다. 혹시 모를 반전이 있을까 싶어 잠시 동안 자리를 뜨지 못한다.

요즘 한국 드라마 수준이 매우 높아졌다. 외국 드라마에 비해서도 밀리지 않는 높은 퀄리티를 자랑한다. 배우들의 연기, 특수효과, 탄탄한 스토리까지 어지간한 미드보다 재밌다. 그런데 간혹 뒤로 갈수록 산으로 가는 드라마가 있다. 긴장감 있게 시작한 초반부와는 달리 갈수록 내용이 엉키고 지루해지면서 결국 마지막 방송에는 처참한 시청률을 기록하면서 마무리한다. 용두사미의 전형적인 예다.

스피치도 마찬가지다. 멋진 오프닝과 탄탄한 콘텐츠로 청중을 사로잡는다. 하지만 끝마무리를 제대로 하지 못하면 앞의 좋은 기억마저 사라진다. 반대로 마지막을 잘 마무리하면 앞의 내용이 조금 부족했더라도 오히려 좋은 기억을 남길 수 있다. 청중들이 느끼기에 유익했다는 평가를 받을 수 있다. 끝맺음을 잘해야 좋은 임팩트를 줄 수 있다.

마무리를 하는 것은 어렵지 않다. 우선 앞에 이야기했던 내용을 잘 정리해주면 된다. 서론과 본론에서 이야기했던 내용 중 중요한 부분이나 마지막으로 강조하고 싶은 내용을 언급한다. 청중들은 앞의 내용을 다시 한 번 상기하면서 확실하게 기억하게 된다.

조금 더 매력적인 마무리를 하고 싶다면 명언을 활용하는 것도 좋은 방법이다. 유명한 사람이나 속담, 책의 내용을 인용해서 마무리를 한다면 더 강렬하게 기억될 수 있다. 직접 말하는 것보다 신뢰감을 줄 수 있다. 미리 관련 명언이나 인용 문구를 찾아보는 것이 좋다.

"오늘 이야기한 내용에서 가장 중요한 것은 실패를 두려워하지 않는 것입니다. 앞으로 더 많은 실패를 경험하세요. 그것이 성공의 밑거름이 될 겁니다. 감사합니다."

"미국의 목사 〈로버트 슐러〉라는 사람이 이런 말을 했습니다.
[실패하지 못한 사실이 부끄러운 것이 아니다. 도전하지 못한 비겁함이 더 큰 치욕이다.]
비겁한 사람이 되지 마세요. 더 많은 실패를 경험하세요. 성공의 지름길입니다."

방송을 할 때도 시청자들과의 마무리 인사를 잘하는 것이 중요하다. 바쁜 시간을 쪼개서 내 방송을 보러온 사람들이다. 얼마나 고맙고 감사한가. 끝까지 시청해준 사람들에게 고맙다는 말 한마디라도 건넨다면 또 다시 당신의 방송을 찾을 것이다. 혹은 다음 편을 기대하게 만드는 예고 멘트도 좋다. 콘텐츠가 여기서 끝나지 않고 이어진다는 것을 알려주면 시청자들은 다음 방송으로 찾아갈 것이다. 마무리를 활용해서 다음 콘텐츠와의 연결고리를 만들자.

퀴즈나 이벤트, 깨알 재미를 마지막에 추가하는 것도 좋다. 예전에 한 인기드라마는 방송의 마지막 장면이 끝나고 에필로그를 짧게 구성해서 마지막에 배치했다. 시청자들은 마지막 에필로그를 보기 위해 드라마가 끝나도 채널을 돌리지 않고 기다렸다. 매회 거듭되면서 드라마를 보는 또 하나의 소소한 재미로 자리 잡게 되었다.

마무리 활용 방법은 다양하다. 절대 간과하지 마라. 끝날 때까지 끝난 게 아니다.

"끝맺음을 잘해야
좋은 임팩트를 줄 수 있다."

즐겨라,
말하는 순간을

"힘들지 않아?"

"매번 대본 외우고 준비하기 어렵지?"

"사람들 앞에서 말하면 에너지 소비 많지?"

주변에서 항상 나를 볼 때마다 묻는 질문이다. 때로 힘들 때도 있고 지칠 때도 있는 건 사실이다. 실제로 말을 하면 에너지 소비도 굉장히 크다. 1시간 방송을 하면 온몸에 진이 빠진다. 화면에서는 보이지 않지만 실수하지 않기 위해 긴장하고 집중하기 때문에 방송이 끝나면 녹초가 된다. 혹시나 제품의 이름이 틀리지는 않을까, 심의에 어긋나는 표현을 쓰지는 않았는지 항상 긴장하면서 방송에 임한다. 사전 리허설과 충분한 준비를 하고 방송에 들

MC 진행 장면

어가지만 언제나 돌발 상황은 존재하기 때문에 긴장을 늦출 순 없다. 행사는 더하다. 예전에 레이싱카 경진대회를 진행했던 적이 있었다. 3일 동안 하루에 7시간씩 행사를 진행했다. 마이크를 사용해도 목이 쉰다. 대회 특성상 목소리 자체를 크게 하기 때문이다. 제 아무리 복식호흡과 발성을 한다 해도 하루 종일 말하면 장사 없다. 행사가 진행되는 중간에도 순서가 수없이 바뀐다. 참석하기로 예정된 내빈 명단은 불시에 바뀌고 처음 보는 어색한 이름을 호명하다 보면 혹여나 실수할까 노심초사 할 때가 많다.

이렇게 힘들고 어려운 일을 왜 계속해서 하는 걸까. 이유는 하나다. 말하는 순간이 너무 즐겁기 때문이다. 긴장되고 목이 쉬어도 말하는 그 순간의 즐거움은 이와 비교할 수 없다. 내가 이 일을 계속하는 가장 큰 이유다.

이 책을 읽는 사람들 중에서 말하기를 좋아하는 사람도 있고 싫어하는 사람도 있을 것이다. 선천적으로 재미를 느끼는 사람이 있는 반면 말하는 자체를 피곤하고 귀찮아하는 사람도 있다. 하지만 분명한 건 시대가 변했다. 말이 경쟁력이고 스피치가 능력이 되는 시대가 왔다. 또 지금 당신이 이 책을 여기까지 읽었다는 것은 분명 말을 잘하고 싶고 멋진 목소리를 갖고 싶기 때문일 거다. 목적이 그렇다면 즐겨라. 지금부터라도 말하는 모든 순간을 즐겨라. 더 많은 기회를 만들고 더 많은 무대를 찾아라. 1인 미디어를 꿈꾸고 있다면 계속해서 말을 할 기회를 만들어라. 조금씩 잘하기 시작하면 재미도 붙기 시작한다.

훌륭한 목소리와 좋은 스피치 스킬을 가지고 있더라도 사용하지 않으면 의미가 없다. 그리고 즐기지 않는다면 청중들은 듣지 않는다. 당신의 목소리를 듣기 위해 많은 사람들이 기다리고 있다. 생각만 해도 가슴 벅차지 않는가. 숨기지 말고 들려줘라. 그 순간을 즐기길 바란다.

"지금, 말하는 순간을 즐겨라."

서두르지 마라,
하지만 미루지도 마라

여름이 오면 몸을 만들기 위해 헬스장을 등록한다. 굳은 의지로 등록과 동시에 운동을 시작한다. 일주일 정도는 매일 운동을 한다. 하지만 점점 오는 횟수가 줄어든다. 혹은 샤워만 하고 집으로 돌아가는 날이 잦아진다. 여전히 몸은 그대로다. 일주일 운동한다고 해서 몸이 좋아지지 않는다. 개인차가 있지만 몸에 변화가 있으려면 최소한 3개월 이상 꾸준하게 운동을 해야 한다. 하지만 한 번 몸을 만들고 나면 그다음에는 적당히 관리만 해줘도 유지가 된다.

소리 역시 똑같다. 일주일 연습한다고 해서 목소리가 바뀌지 않는다. 꾸준하게 오랫동안 트레이닝을 해야 한다. 하지만 한 번만 제대로 만들어 놓으면 자유자재로 구사할 수 있다. 급하게 소리를 바꿔야 겠다는 생각보다 꾸준하게 갈고닦는다는 생각으로 연습해야 한다. 당장에 눈에 보이는 효과가 없을지라도 꾸준히 연습하면 분명 당신의 소리는 한층 더 좋아질 수 있다.

1인 미디어 역시 마찬가지다. 하루 이틀 한다고 해서 갑작스럽게 시청자가 유입되지 않는다. 최소한 1년 이상 꾸준하게 해야 한다. 1주일에 일정 개수 이상의 콘텐츠를 주기적으로 계속해서 업로드 해줘야 한다. 정기적인 콘텐츠가 올라와야 시청자들도 관심을 가지고 당신의 채널을 찾게 된다.

무한도전 김태호 PD는 한 강연에서 "이제는 1인 미디어 1명과 무한도전 스탭 100명이 경쟁하는 시대"라는 이야기를 했다. 1인 미디어가 TV 채널과 경쟁하는 시대가 왔다. 어린 친구들에게는 유재석보다 유명 유튜버가 더 인기 있다. 물론 TV의 영향력은 여전히 대단하다. 아직까지 가장 강력한 미디어 채널임은 사실이다. 하지만 분명 시대가 변하고 있고 콘텐츠 소비 형태가 계속해서 바뀌고 있다. 이제는 당신도 그 흐름에 맞춰야 할 때다.

좋은 콘텐츠는 끊임없이 쏟아져 나온다. 하루에도 수십, 수백 개의 콘텐츠들이 생겨나고 또 사라진다. 계속해서 남아있고 사람들에게 소비되는 콘텐츠는 꾸준한 콘텐츠다. 꾸준히 당신만의 콘텐츠를 개발하고 노출시킨다면 분명 사람들이 찾을 것이다.

서두르지 마라, 하지만 미루지도 마라.
지금부터 시작하자. 그것이 무엇이든 좋다.
일단 시작하는 것이 가장 중요하다.

"뛰어들기 전과 후는 전혀 다르다.
걱정은 시작한 다음에 해도 늦지 않다."

1인 미디어 시장,
그리고 크리에이터

With CJ E&M DIA TV 박태호 팀장

크리에이터라면 누구나 한 번쯤은 꿈꿔 볼 회사인 CJ E&M의 MCN브랜드 다이아TV. 1400팀의 유튜브 채널을 보유하고 있는 명실상부 대한민국 최고의 MCN. 크리에이터들과 가장 가깝게 마주하고 소통하는 박태호 팀장을 만나 1인 미디어 시장과 크리에이터들의 뒷이야기를 물었다.

Q. 1인 미디어 시장의 발전 가능성은 어느 정도인가요??

A. CJ E&M 다이아TV의 경우, 2013년에 시작해서 매년 2배씩 성장하고 있습니다. 내년에도 이와 같은 성장 추세가 계속될 것으로 판단됩니다. 현재 다이아TV 소속 채널만 1,400개 수준이며 다양한 크리에이터들이 끊임없이 계속해서 모여들고 있습니다. 이들을 위한 교육 프로그램도 꾸준히 늘어나고 있고 전체적인 성장 속도가 놀라울 만큼 빠릅니다.

Q. 크리에이터를 꿈꾸는 사람들이 많은데, 지금 시작해도 늦지 않았나요?

A. 결론부터 말씀드리면 절대 늦지 않았습니다. 같은 장르라고 해도 세분화되어있고 각자 다르게 진화하고 있습니다. 또한 새로

운 장르가 계속해서 만들어지고 있습니다. 유튜브 세대가 진화하고 있고 이에 따라 소비자들의 니즈도 달라지고 있습니다. 그에 맞는 크리에이터들이 필요합니다.

지금의 10대들에게는 '틱톡'이라는 플랫폼이 큰 인기를 끌고 있습니다. 이 친구들이 유튜브에 집중 소비층으로 자리 잡게 되면 플랫폼과 콘텐츠는 또 다르게 변화할 것입니다. 앞으로 어떻게 변하고 바뀔지는 아무도 알 수 없습니다. 가능성에 대한 고민보다 우선 시작하기를 권해드립니다.

Q. 1인 미디어에서 소리의 중요성은 어느 정도인가요?

A. 굉장히 중요한 부분입니다. 특히 사람이 등장하는 채널의 경우 목소리의 힘은 매우 큽니다. 성공하는 크리에이터의 가장 중요한 요소 중 하나는 목소리입니다. 다이아TV 소속의 대도서관, 씬님, 벤쯔, 허팝 같은 스타 크리에이터들의 경우에도 시청자를 붙잡는 본인만의 매력적인 소리를 가지고 있습니다. 이는 재방문을 유도하는 중요한 포인트입니다. 뷰티 크리에이터들도 마찬가지입니다. 외모, 스타일, 끼 많은 것들이 중요하지만 결국 콘

텐츠를 이끌어가는 진행력, 말하는 매력 없이는 성공할 수 없습니다. 많은 구독자를 보유하고 있는 크리에이터 '윤짜미'는 독특한 목소리를 가지고 있습니다. 특히 그녀의 인사법은 많은 사람이 따라합니다. 단순히 목소리가 좋고 나쁘고의 문제가 아니라 유행어, 말투 등 본인만의 매력을 드러낼 수 있는 언어적 요소들이 사람들로 하여금 크리에이터를 기억하게 만듭니다. 소리는 정말 중요한 부분입니다.

Q. 1인 미디어를 시작하는데 비용이 많이 들지는 않나요?

A. 처음 시작할 때는 무리한 비용을 투자하기 보다는 활동을 하면서 콘텐츠에 맞게 부족한 부분을 보완해 나가는 방식이 좋습니다. 장비의 퀄리티보다 중요한 것은 꾸준하게 콘텐츠를 만들고 지속하는 것입니다.

Q. 다이아 TV에서 크리에이터를 뽑는 기준이 있나요?

A. 각 매니저들마다 본인들만의 어느 정도의 기준은 있지만 명확한 선이나 규정이 있지는 않습니다. 구독자가 적더라도 크리에

이터로서의 매력을 충분히 가지고 있는 사람이라면 함께 할 준비가 되어 있습니다.

Q. MCN의 앞으로의 방향 혹은 전망이 궁금합니다.

A. 점점 종합적인 엔터테이먼트, 커머스 회사로 진화하고 있습니다. 인플루언서를 중심으로 그들의 설 수 있는 무대를 만들기 위해 노력할 것이고 앞으로 시장이 더욱 성장할 것으로 판단되어 계속해서 이 시장에 대한 투자와 관심을 늘어갈 것으로 보입니다. 다이아TV 역시 시장을 선도하고 열어가겠습니다.

Q. 크리에이터를 시작하려는 분들에게 한마디

A. 작더라도 팬들의 소리를 듣고 분석하길 바랍니다. 팬들과 적극적으로 커뮤니케이션을 해야 합니다. 그 과정 속에서 원하는 것을 찾고 개선해 나가야 합니다. 성공하는 채널의 기준은 소통입니다.

오래전부터 가지고 있던 버킷리스트의 1번 체크리스트였지만 시작하기까지 많은 고민과 망설임이 있었다. '내가 책을 쓸 수 있을까', '도움이 되는 책을 쓸 수 있을까', '사람들이 비웃지는 않을까' 수많은 고민과 걱정이 앞섰지만 늘 그랬듯 일단 시작하고 보자는 마음으로 원고를 써 내려갔다. 평소 글쓰기라곤 취업 준비 시절 썼던 자기소개서가 전부인 내게 창작활동이 쉬운 일은 아니었다. 몰려오는 피로와 졸음에 하루에도 열두 번씩 포기하고 싶었지만 오늘의 희열을 위해 다리를 꼬집었다.

소리는 평소 자신 있는 분야였고 잘 알고 있는 내용이었지만 글로 풀어낸다는 것은 또 다른 개념이었다. 더불어 1인 미디어와의 결합은 집필하는 동안 나 스스로에게도 많은 공부가 될 수 있었던 소중한 기회였다. 앞으로 1인 미디어의 성장과 가능성은 무궁무진하다. 콘텐츠의 변화에는 제약이 없다. 상상하지 못한 것들이 등장하고 사람들의 관심을 끌고 있다. 개인적으로는 미디어 산업 발전에 매우 긍정적인 부분이라 생각한다. 정답보다는 물음표가 답이 될 수 있는 시장이기에 다양한 가능성을 열어 놓고 책을 집필했다. 1인 미디어 콘텐츠를 꿈꾸는 이들에게 미약하게나

마 도움이 될 수 있기를 진심으로 기원한다.

이 책이 완성되기까지 도움을 준 많은 분들에게 부끄럽지만 짧게나마 감사의 인사를 표하고 싶다. 무에서 유를 창조할 수 있는 시발점을 만들어주신 빛나는MC 박민주 대표님, 정리되지 않은 조각들을 맞춰주신 책과강연 이정훈 대표님, 부족한 책을 세상에 멋지게 펼쳐준 베프북스 대표님과 편집장님, 독자의 입장에서 묵묵히 응원해준 대장장이님, 책의 내용을 채워준 수많은 1인 미디어 크리에이터 분들, 다양한 반응으로 응원해 준 소중한 지인들. 누구보다 책 쓰기를 반대했지만 이제는 가장 열렬한 팬이 된 아빠, 엄마, 그리고 동생.

마지막으로 이 여정의 마침표를 찍은 나 자신에게 조금은 대견하다는 칭찬을 해주고 싶다.

2018년 9월 2일 새벽 1시 48분.

목동 어느 카페.

이 도서의 국립중앙도서관 출판예정도서목록(CIP)은 서지정보유통지원시스템 홈페이지
(http://seoji.nl.go.kr)와 국가자료공동목록시스템(http://www.nl.go.kr/kolisnet)에서
이용하실 수 있습니다.(CIP제어번호 : CIP2018029788)

억 소리 나는 유튜브
소리의 비밀

초판 1쇄 발행 2018년 9월 28일

저자 김민철
펴낸이 추미경

책임편집 이민애 / **마케팅** 신용천·송문주 / **디자인** 정혜욱

펴낸곳 베프북스 / **주소** 경기도 고양시 덕양구 화중로 130번길 48, 6층 603-2호
전화 031-968-9556 / **팩스** 031-968-9557
출판등록 제2014-000296호

ISBN 979-11-86834-71-8 (13320)

전자우편 befbooks15@naver.com / **블로그** http://blog.naver.com/befbooks75
페이스북 https://www.facebook.com/bestfriendbooks75